HEPTAMÉRON AVEC CHARDONNAY

DU MÊME AUTEUR

Aux Éditions Grasset :

RETOUR À ZORNHOF, *roman* (prix Erckmann-Chatrian, Prix Découverte Le Figaro Magazine / Fouquet's, prix des Deux Magots).

ITINÉRAIRE SPIRITUEUX (prix Mac-Orlan, prix Edmond de Rothschild, prix Rabelais).

LA VIE EST AINSI FÊTE, *Chroniques musicales.*

MÉMOIRES DE MARC-ANTOINE MURET, *roman* (prix de la Société des Gens de Lettres).

BONNES NOUVELLES DE CHASSIGNET, *nouvelles* (prix de la nouvelle de l'Académie française).

Chez d'autres éditeurs :

LES POÈTES NÉO-LATINS EN EUROPE DU XIe AU XXe SIÈCLE, *bibliographie*, Manoir de Pron.

LOUISE MICHEL, LÉGENDES ET CHANTS DE GESTES CANAQUES, *présentation*, « Éditions 1900 ».

LES FASTES DE BACCHUS ET DE COMUS OU HISTOIRE DU BOIRE ET DU MANGER EN EUROPE, DE L'ANTIQUITÉ À NOS JOURS À TRAVERS LES LIVRES, *bibliographie*, Belfond.

UNE BIBLIOTHÈQUE BACHIQUE, *bibliographie*, Loudmer.

AUGUSTE POULET-MALASSIS. UN IMPRIMEUR SUR LE PARNASSE, *bibliographie*, Manoir de Pron.

NIL ROUGE, *roman*, Le Cherche-Midi (prix René Fallet).

PERA PALAS, *roman*, Le Cherche-Midi.

RAMAGES ET PLUMAGES, *une petite correspondance ornithophagique avec Jim Harrison*, Manoir de Pron.

PALOMAS CANYON, *roman*, Le Cherche-Midi.

SALAMI. *Photographies de Hans Gissinger*, Woodstock Éditions, New York ; Actes Sud/Le Rouergue.

LA VIE EST UN TANGO, *Chroniques musicales*, Flammarion.

GÉRARD OBERLÉ

HEPTAMÉRON
AVEC
CHARDONNAY

nouvelles

BERNARD GRASSET
PARIS

ISBN 978-2-246-81974-5

… depuis midi jusqu'à quatre heures, nous allions dedans ce beau pré, le long de la rivière du Gave, où les arbres sont si feuillus que le soleil ne sauroit percer l'ombre ni échauffer la fraîcheur ; là, assis à nos aises, chacun dira quelque histoire qu'il aura vue ou bien ouï dire à quelque homme digne de foi.

Marguerite de Navarre

Avant-propos

Hélyette Rodary, une lectrice fidèle et indulgente, m'avait adressé une lettre très chaleureuse à propos d'un recueil de nouvelles que j'avais commis il y a deux ans. « Une bonne nouvelle, disait-elle, fait toujours plaisir, surtout par les temps qui courent, où les mauvaises pleuvent comme des hallebardes. Cela dit, a-t-elle ajouté, ma lettre n'est pas innocente, son véritable motif est intéressé. Mon médecin, un gaillard de la même farine que le docteur Bruant de votre ami Chassignet, veut que j'aille soulager mes rhumatismes à Cauterets, une cure thermale d'une semaine, en avril prochain. Cauterets ! Je me suis souvenue qu'au XVIe siècle, une crue avait retenu dans cette station un groupe de dix curistes qui se sont divertis en racontant chacun une histoire par jour, soit 70 histoires en 7 jours. J'ignore combien il a fallu de temps à Marguerite de

Navarre pour rédiger tous les contes et nouvelles de l'*Heptaméron*. Je ne vous en demande pas tant. Racontez-moi sept histoires, soit une pour chaque soirée de mon séjour dans les Pyrénées. Si j'y retrouve Chassignet, quelques vauriens de son entourage et sa vieille nounou, je serai d'autant plus heureuse de vous lire. Sans doute n'écrivez-vous jamais sur commande. Paresse ? Autres chats à fouetter ? Je n'ai qu'une excuse à vous présenter pour la hardiesse de ma sollicitation : le souhait de vous inciter à gratter avec un peu plus d'assiduité, car il me semble que vous écrivez de moins en moins. C'est dit ! Je vous donne six mois pour me bricoler un Heptaméron de votre façon. En avoir la primeur serait une récompense. À mon retour de Cauterets, rien ne vous empêchera de présenter la chose à votre éditeur (...). »

Ainsi fut fait. Gratter sur commande est une motivation comme une autre. Récompenser une lectrice assidue est une douce corvée.

Première journée

Monsieur Justin Galmiche

à Olivier Verdier

Les fous ce sont ceux-là
qui pour d'autres se prennent.

ARAGON, « Le Cri du butor »

« C'est un taciturne, de mœurs occultes, de fréquentation sans agrément… » Ainsi parlait le naturaliste Jean-Henri Fabre pour présenter le scorpion languedocien, un compatriote qu'il avait observé sur les collines de Villeneuve-lès-Avignon. Poète, Fabre voit les insectes comme des personnes. En rédigeant leur biographie, il impute à ses amis invertébrés les qualités, les travers, les vertus et les faiblesses de certains individus de l'espèce humaine. On peut inverser le procédé. De cette façon, la présentation du scorpion languedocien colle assez bien avec le portrait de monsieur Galmiche.

Monsieur Galmiche était une très vilaine bête que j'ai un peu fréquentée ces dernières années. J'avais reçu, il y a trois ou quatre ans, une lettre brève et sans gêne signée Professeur Justin Galmiche : « Monsieur, je viens d'apprendre que vous possédez un exemplaire du *Recueil des Ordonnances de la Franche-Comté* de Jean Petremand publié à Dole en 1619. Je vous serais reconnaissant de le mettre à ma disposition pour quelques mois. Cet ouvrage renferme des informations dont j'ai besoin pour compléter un travail en cours. Cordialement. » J'allais répondre du tac au tac que je n'étais pas une bibliothèque de prêt, mais l'aplomb du bonhomme avait éveillé ma curiosité. Le mandement portait l'adresse d'un lieu-dit perdu dans les collines surplombant Saint-Honoré-les-Bains, une adresse insolite pour un spécialiste de régionalisme franc-comtois. J'ai répondu avec la plus jésuitique déférence que j'étais très heureux d'obliger un chercheur et qu'il pouvait prendre le livre chez moi à sa convenance. Trois jours plus tard, j'ai reçu un nouveau billet, tout aussi laconique et comminatoire : « Je vous remercie, monsieur, mais je m'absente rarement. Veuillez, s'il vous plaît, déposer l'ouvrage à mon domicile. Cordialement, Professeur Justin Galmiche. » J'ai apprécié le *s'il vous plaît*. J'étais impatient de voir à quoi ressemblait l'olibrius. Dans la semaine j'ai piqué un galop en direction de Saint-Honoré et des premiers reliefs du Morvan. Après m'être fourvoyé sur des petites routes mal signalisées, j'ai fini par atteindre la tanière du despotique sieur Galmiche. C'était une grande et coquette bâtisse bourgeoise en brique claire avec des pierres angulaires apparentes, le genre de nid douillet que les marchands de biens appellent maison de maître. Des curistes aisés et des médecins de l'établissement thermal se sont payé des manoirs de ce style sous le Second Empire, après que les sources de Saint-Honoré furent déclarées d'utilité publique. Enfouie dans une clôture très compacte de thuyas, de lauriers et de troènes, une ancienne grille en fer forgé indique l'entrée. Sur un des piliers, une plaque de cuivre étincelante annonce *Galmiche* et *sonnez s.v.p.* J'ai tiré à trois reprises sur la chaîne, trop fort sans doute, car j'ai déclenché un sacré carillon.

— Un seul coup de sonnette suffisait, monsieur, je ne suis pas sourd ! Suivez-moi !

Je l'ai prié de m'excuser. Comme la maison se trouvait à près de cent mètres de la grille, j'avais pensé qu'il fallait insister. J'ai ajouté qu'aux portes des maisons patriciennes, je sonne toujours longuement, car cela fait plus huppé.

La vanne lui a plu.

— Vous pratiquez toujours l'humour absurde ?

— Toujours, professeur, je n'en connais pas d'autre.

Le professeur Galmiche était un homme court et replet, de constitution adipeuse, pansu comme un pot à saindoux alsacien, visage flasque et flavescent avec des lunettes rondes, lèvre inférieure proéminente, peu de menton, pas de cou, une physionomie périmée, une caricature miniaturisée de notable provincial de la Troisième République. La salle de séjour, Troisième République elle aussi, embaumait la cire et la térébenthine. Un large paysage avec un étang du peintre nivernais Pail accaparait la moitié d'un mur et semblait narguer un joli tableautin avec des chiens qui lui faisait face, une toile signée Mohler, autre rapin régional, de plus modeste réputation.

J'ai posé mon volume sur la table. Galmiche m'a remercié avec une cordialité surprenante. Encouragé par cette soudaine amabilité, j'ai enchaîné les politesses et l'ai complimenté au sujet de sa belle maison de famille, de ses tableaux, et lui ai demandé si chez les Galmiche on était médecin de père en fils. L'homme ne demandait qu'à se raconter et j'étais bon public. Contrairement à ce que semblait suggérer le titre dont il se prévalait dans son courrier, il n'était pas médecin mais professeur de littérature et de philosophie. La maison ne lui venait pas de sa famille. Madame Galmiche – c'est ainsi qu'il appelait sa femme, absente ce jour-là – en avait hérité d'un oncle nivernais. Galmiche était franc-comtois par son père, un notaire d'Arbois, et aussi par sa mère, originaire de Dole. Il avait étudié à Besançon, à Strasbourg et à Paris. Licencié en lettres mais également en droit et diplômé en sciences politiques, il fut un temps chargé de mission puis chef adjoint du cabinet d'un ministre de l'Éducation Nationale sous Giscard. Il avait pris joyeusement la Légion d'honneur, le Mérite et autres quincailles et avait roulé à toute pompe dans des voitures à cocarde. Monsieur Galmiche ne détestait pas les vanités. Mais soudain, en mai 1981, les musiques du bal se sont tues. La France livrée aux socialistes, quatre ministres communistes ! Refusant de frayer avec les rouges, cette canaille représentant pour lui la plus répugnante engeance qui soit dans notre République, l'intransigeant Galmiche se retira sans plus attendre de la vie politique et regagna la Franche-Comté. Dès la rentrée 1981, il se fit nommer professeur de lettres et de philosophie dans un établissement privé de Dole. En me fixant d'un regard toiseur et flambant de crânerie, le petit homme voulait me persuader qu'il avait été l'homme de l'ombre, l'inspirateur d'un grand nombre de réformes et de décisions du gouvernement de l'époque. Lancé sur le chapitre de l'éducation, son baratin a viré à la frénésie. Galmiche était un partisan de l'ordre, de la défense de la civilisation et des valeurs occidentales, une civilisation venue de Grèce et de Rome, modelée par le christianisme et cimentée par une morale. Pendant toute sa carrière d'enseignant, à Dole puis à Lons-le-Saunier et, pour finir, à Arbois, il s'était acharné à réparer les dommages causés par Jean-Paul Sartre, Cohn-Bendit et le cataclysme de Mai 68. J'ai encaissé sans moufter son furieux réquisitoire. J'étais estomaqué par le flot d'éloquence délirante qui jaillissait d'un châssis aussi rikiki. Pour les esprits tyranniques, silence signifie acquiescement. Persuadé d'avoir prêché un convaincu, il a soudain changé de ton.

— Maintenant que nous nous connaissons mieux, jeune homme, nous pourrions de conserve vider une bouteille de vin d'Arbois. Connaissez-vous les vins d'Arbois ?

Je n'ai pas relevé le « jeune homme », qualité abusive, car j'avais plus ou moins le même âge que Galmiche, ni le « maintenant que nous nous connaissons mieux » alors que lui seul avait péroré et qu'il ne savait sans doute rien de moi. Il avait profité de ma visite pour vider son sac, peut-être pour se persuader que jadis il avait été « quelqu'un ». Je lui avais servi de défouloir. Il avait craché sa bile, alors pourquoi ne pas trinquer avec un bon petit savagnin des familles ? Il parut étonné et comme flatté que je connaisse le vin d'Arbois. Sa réserve de savagnin était épuisée, il ne lui restait que du chardonnay. Le rodomont ignorait que deux fois l'an je faisais route vers Montigny-lès-Arsures pour me réassortir chez les vignerons des quartiers de la Boutière et Saint-Laurent et que je participais régulièrement à la fête de la percée du vin jaune. La « prise de voile » du savagnin et du chardonnay n'avait aucun secret pour moi. Jean-Claude Pirotte m'avait introduit dans cette congrégation il y avait très longtemps. Le chardonnay, même voilé, adoucit, lénifie, tempère et rafraîchit le sang des carnes les plus hargneuses, le remède est avéré depuis Rabelais, médecin et grand amateur de vin blanc d'Arbois. Au troisième verre, le fulminant pourfendeur de la pensée sartrienne était joliment accoisé. Bénie soit la Fruitière vinicole d'Arbois dont j'avais détecté l'étiquette ! Le plastronneur, rendu tout gracieux et doucet, voulait me parler de ses travaux en cours. Deux ans plus tôt, juste après son départ en retraite, il s'était cru le plus heureux des hommes. Madame Galmiche venait d'hériter, ils s'étaient installés dans le Morvan et là, enfin libre, il pouvait reprendre ses recherches et terminer la rédaction de son grand livre, un livre capital et définitif sur l'histoire, la population, la société, l'économie, l'industrie, les sites, les monuments et le patrimoine culturel de la Franche-Comté du Moyen Âge à la Révolution. Le recueil de Petremand abondait en renseignements indispensables pour documenter solidement son magnum opus. Grâce à mon exemplaire, Galmiche s'épargnait les déplacements et les tracasseries administratives pour consulter à Tolbiac, dans « l'abominable Grande Bibliothèque de France, ce caprice architectural mégalomaniaque de l'infatué monarque Mitterrand ». Et c'était reparti pour de nouvelles catilinaires… « Le crapuleux gouvernement socialiste, l'infâme Attali, l'horripilant Jack Lang », une interminable litanie de noms abhorrés précédés de qualificatifs injurieux. De plus en plus allumé – de l'auto-allumage ! –, le nabot frôlait le coup de sang. Galmiche était cinglé et son inventaire commençait à me saouler. J'ai interrompu ses vociférations pour lui dire que j'étais très heureux de lui rendre service en lui évitant de pénibles déplacements et j'ai pris congé. Toujours persuadé que nous étions du même bord, il regrettait mon départ précipité et m'a fait promettre de revenir.

— Venez déjeuner un de ces jours, madame Galmiche est un véritable cordon-bleu. Nous évoquerons le bon vieux temps !

Il a dit « bon vieux temps » à la façon copain de régiment, ou compère de faction, comme si dans notre jeunesse nous avions matraqué le gauchiste dans le même commando.

Les fous sont des sujets en or pour les romanciers, mais je n'étais pas pressé de me refarcir le Galmiche de sitôt.

★
★ ★

Un semestre s'était écoulé depuis cette première entrevue et Galmiche ne me manquait d'aucune façon lorsque, vers la fin de l'été, j'ai reçu une nouvelle épistole, succincte comme les précédentes, mais qui commençait par « cher ami ». On m'invitait « à récupérer mon livre et à déjeuner par la même occasion ». La formulation un brin zeugmatique m'a plu et, pas un instant, je n'ai douté qu'elle fût intentionnelle. Le pauvre fesseur Galmiche ne compétait sans doute pas à l'Oulipo, mais, cornebleu, jambedieu, le Monsieuye avait enseigné les belles-lettres et il vaut certes mieux professer la littérature à Dole que le patrouillotisme aux portes de Mézières.

Au jour fixé, je me suis pointé à la villa Galmiche muni d'une bouteille de chardonnay bourguignon, adoncques non voilé, comme petit retour de politesse à l'arbois que nous avions sifflé lors de ma première visite. J'étais curieux de découvrir madame Galmiche. Le professeur et le cordon-bleu formaient certainement un vieux couple bien assorti, lui tyran domestique et elle, servante docile, faisant de leur mieux pour concrétiser cet idéal de bonheur popote si caractéristique de la petite bourgeoisie provinciale, un bonheur pot-au-feu et charentaises à carreaux que l'on peut trouver à Saint-Honoré-les-Bains aussi bien qu'à Barbezieux. Les écrivains ont peut-être moins de préjugés que les esprits terre à terre, en revanche ils se cramponnent souvent lourdement à ceux qu'ils ont et cultivent de bien commodes clichés. Madame Galmiche ne correspondait d'aucune façon au stéréotype de la bonne vieille et parcimonieuse ménagère de sous-préfecture. Jocelyne Galmiche, née Dumarest, était une femme radieuse et joviale, beaucoup plus jeune que son mari, une blonde dorée pétante de santé, avec des clignotants myosotis, un sourire malicieux et sensuel qui lui faisait ce qu'on appelle familièrement la bouche en cœur, une de ces beautés passées de mode, qui évoquait des choses copieuses, un bol de crème fouettée, la blanquette, le chaource et le brillat-savarin ou le bock de bière qui mousse. Dans ma jeunesse alsacienne j'avais goûté tout mon saoul aux luxuriantes douceurs de ce type de nymphes et sans doute en avais-je conservé un sourd mal du pays. Quelle aberration de sentiment avait conduit cette splendide créature vers son sinistre barbon ? L'alchimie des couples est un mystère que j'ai renoncé à déchiffrer depuis longtemps, les arcanes de la conjugalité dépassant largement les capacités d'entendement d'un chenapan célibataire. Madame Galmiche exhalait un captieux parfum de revenez-y. En souvenir des écarts de mes jeunes années, j'eusse volontiers planté des cornes au professeur, mais depuis quelques années j'avais définitivement renoncé aux escapades génitales. Par peur du ridicule et par discipline dandystique, il me déplairait de ressembler à ces gérontes voluptueux auxquels les coquettes monnayent leurs bontés. Mon hôte n'avait pas bluffé. Madame Galmiche savait cuisiner et sa cuisine n'était pas bourgeoise mais princière. Après un exquis dartois de filets de soles nappé d'une réduction de chablis, crème, coulis de tomates et écrevisses, elle a présenté un imposant plat creux en argent où reposait un aloyau de bœuf bordé de tranches de ris de veau, de champignons tournés, de petits culs d'artichauts et d'œufs de caille. Au siècle dernier, avant l'apparition de la cuisine beaux-arts servie à l'assiette, avant la cuisine technico-conceptuelle, siphonée, azotée, moléculaire et autres pitreries espumantes et gélatineuses, j'avais mes entrées chez de nombreux chefs étoilés. Le répertoire de madame Galmiche m'a fait penser, non sans nostalgie, à ces glorieux officiers de bouche. Je l'ai complimentée pour cette extraordinaire performance.

— Vous êtes trop aimable, cher monsieur, ce n'est qu'un bête aloyau à la Godart. Je suis ravie qu'il vous ait plu. Est-ce que ma cuisine vaut celle de Mireille Larroque ?

J'étais soufflé. Je lui ai demandé comment elle connaissait mon vieil ami Chassignet.

— Je ne le connais pas personnellement, mais j'ai lu vos livres.

Sur cet aveu lâché à brûle-pourpoint, elle a quitté la pièce avec un sourire un peu matois pour « mettre la dernière main au dessert », une bombe glacée à la vanille, miel et Grand Marnier. J'ai demandé à Galmiche s'il était traité aussi royalement tous les jours.

— Pas aussi royalement comme vous dites, mais toujours de façon variée et copieuse. Je suis gourmand, mon ventre de notaire en témoigne. Madame Galmiche me traite de glouton, mais elle fait ce qu'il faut pour encourager mon vice. Vous, en revanche, elle vous regarde comme un gourmet, un gastronome. Elle tenait à vous épater avec son aloyau à la Godart, une recette dénichée dans le dictionnaire de cuisine d'Alexandre Dumas.

Galmiche a englouti son quart de bombe en moins de deux et, aussi sec, il s'est excusé. Une affaire urgente le réclamait. Avant de se tirer, il m'a présenté une impressionnante boîte en acajou laqué remplie de doubles coronas siglés Quai d'Orsay. Je ne fumais plus depuis deux ans. Il a préparé et allumé son havane devant nous.

— N'oubliez pas votre livre. Il est dans mon bureau. Madame Galmiche vous le rendra.

Sur ces mots, sans faire d'autres politesses, cigare au bec et très patapouf, il s'est éclipsé. Une magnifique sortie de théâtre de boulevard. J'allais prendre congé à mon tour, mais l'aguichante madame Galmiche, plus vaudeville encore que son bonhomme, m'a retenu.

— Alors, vous posez la fourchette et vous filez au plus vite, comme le Galmiche. Ça n'est pas poli et c'est vexant pour la cuisinière. Vous ne fumez plus, un bon point pour vous, monsieur, mais ça n'est pas une raison pour refuser un café et un digestif !

Comment résister ? Je me suis docilement posé dans un fauteuil près d'une table basse sur laquelle sifflait une machine à café à dépression, une antiquité à deux boules de verre comme celle qu'on voit dans le film *Les Tontons flingueurs*. Deux tasses et soucoupes en porcelaine avec décor de fleurs peintes et deux horribles verres à liqueur en cristal de Bohême rouge taillé complétaient le décor. J'ai bu le café mais j'ai repoussé la bénédictine que la belle hôtesse avait généreusement versée dans mon verre. Elle a vidé le sien d'un cul sec vigoureux et dans la foulée, elle a aussi nettoyé le mien avant de s'en remettre un troisième.

« Jamais deux sans trois ! » a-t-elle déclaré avec une spontanéité de femme-enfant qui ne demande qu'à rire et s'amuser, avant d'ajouter, en pouffant carrément : « C'est-y pas horrible, tout ça ? » en désignant du doigt la table, la vaisselle désuète, les bibelots et les tableaux régionalistes. La maison était remplie de cette hideuse brocante lorsqu'elle en avait hérité. Elle voulait tout céder aux chiffonniers d'Emmaüs, mais Galmiche l'avait convaincue de garder la maison en l'état, par respect et gratitude envers le défunt. Je lui ai demandé si elle obéissait toujours aux ordres de son mari.

— Y'a intérêt ! Le foutriquet n'est pas du genre arrangeant.

— Le foutriquet ?

— C'était son surnom au lycée. Un de mes camarades de classe, en philo, lui trouvait une ressemblance avec Thiers, la taille, la bobine et la voix nasillarde.

— Vous avez été son élève et vous l'avez épousé ?

— Oui, c'est une drôle d'histoire, enfin une histoire assez banale après tout. Je vous expliquerai un autre jour.

— Monsieur Galmiche est sans doute un homme très pris par son travail d'historien.

— En partie seulement, le reste du temps, comme cet après-midi, il est pris par la présidence de son gouvernement, là-haut, dans la salle du Conseil, ou par la correction des copies des commentateurs de Médiapart sur son ordinateur.

Elle a lâché ces sornettes en riant à belles dents, avec de petits gloussements à chaque césure. La bénédictine, en dépit de son pedigree monastique, est une liqueur d'une incroyable fourberie. Quand madame Galmiche, d'une voix filandreuse, m'a demandé de l'appeler Jocelyne, j'ai jugé qu'il était temps de mettre les bouts.

*

* *

Les Galmiche m'étaient complètement sortis de la tête, lorsqu'en avril de l'année suivante, par message laissé sur mon répondeur, j'étais une nouvelle fois invité à déjeuner. Madame Galmiche venait de lire mon récent livre et souhaitait me le faire dédicacer. Le prétexte était plausible et flatteur – les gens de plume ont de ces faiblesses ! –, aussi ai-je accepté l'invitation de bon cœur. Madame Galmiche, toujours aussi gironde et spontanée, m'a accueilli comme si nous nous étions quittés la veille. Elle était seule. Le professeur était parti pour la semaine en Franche-Comté. Les éditeurs parisiens et provinciaux avaient refusé de publier la somme historique qu'il venait d'achever, plus de 5 000 pages de texte et plusieurs centaines de cartes, plans, portraits, fac-similés et autres illustrations. Humilié, furieux, Galmiche voulait convaincre le Conseil Régional de Franche-Comté de financer la monumentale publication ou de lever des fonds en organisant une souscription par voie de presse. Sa femme était persuadée qu'il ferait chou blanc, aussi lui avait-elle conseillé de renoncer à ce déplacement. Mais Galmiche, plus remonté que jamais, n'avait que faire des avertissements de son ancienne élève, la reine des cancres qui avait échoué au baccalauréat.

— Ne vous mêlez pas d'érudition, madame Galmiche, continuez à lire des romans et à mitonner des petits plats fins pour les écrivaillons qui les produisent.

Ce genre d'amabilités n'impressionnait guère l'épouse du butor, bien au contraire, car elle s'arrangeait toujours pour en tirer avantage. Cette dernière réflexion lui avait inspiré l'envie de me revoir et de « mitonner », comme il dit, quelques nouvelles recettes. Je résiste au plaisir de vous rapporter en détail l'éblouissant menu que madame Galmiche avait goupillé pour riposter à la goujaterie de son mari. La bonne chère, les plaisirs de gueule ne reviennent que trop souvent dans mes écrits.

Après le déjeuner et sans renfort de bénédictine, madame Galmiche a souhaité me faire des révélations au sujet de son mari, « un personnage qui devrait intéresser un romancier comme vous ». Déjeuner traquenard, me suis-je dit, avec une addition salée : les confidences intimes d'une malheureuse en ménage. Mais le ton badin, pour ne pas dire goguenard, de madame Galmiche m'a rassuré. Madame Galmiche est une âme guillerette. Elle m'a raconté l'histoire de son mariage, un mariage blanc, avec humour et espièglerie. À dix-huit ans, elle avait raté son bac pour la deuxième fois et ne voulait plus poursuivre ses études. Le professeur Galmiche avait alors convoqué les parents Dumarest pour leur tenir à peu près ce discours : « Madame, monsieur, votre fille n'est pas idiote, mais pour ce qui est des études, elle ne vaut rien. Elle ne fera carrière ni dans les sciences, ni dans les arts, ni dans les lettres. On m'a dit qu'elle cuisinait très bien. Par conséquent, vous lui rendriez service et vous m'obligeriez en m'accordant sa main. J'ai décidé de me marier et je suis persuadé que Jocelyne fera une très convenable madame Galmiche. Vous n'aurez plus à vous soucier de son avenir. » Les parents ont dit qu'ils étaient ravis et flattés mais que leur fille seule pouvait répondre à cette proposition. Mauvaise élève mais bonne fille, Jocelyne a accepté sur-le-champ de convoler avec Foutriquet. « Carrément loufoque, mais les copines qui avaient décroché leur bac en sont restées baba. Une vraie guignolade, ce mariage. Le soir des noces, Galmiche m'a tout de suite mise au parfum. Les femmes, la bagatelle, les caresses, les baisers, les jambes en l'air, tout ça n'était pas son truc. Il s'en passait très bien, il était impuissant et il trouvait que la fornication était un passe-temps dégoûtant. Son truc à lui, c'est le travail, les recherches historiques, les idées philosophiques, la politique et plus que tout le reste, la bonne cuisine et le vin d'Arbois. Faut dire que ça m'arrangeait. Me coller au pieu avec l'avorton, vous imaginez le tableau ! »

L'impuissance du professeur ! Un sujet en or pour un auteur de romans intimistes, même si depuis Stendhal et Mérimée, le babilanisme n'était plus un thème littéraire au goût du jour.

— Pardonnez-moi, quand j'ai dit que mon Galmiche était un personnage de roman, je ne pensais pas à son handicap sexuel. Ce détail n'est pas très intéressant, en effet, mais j'ai pensé que cette information vous aiderait à comprendre le bonhomme. Non, son originalité n'est pas là, elle est dans ses activités politiques. Il vous a sans doute parlé de ses fonctions politiques.

— En effet, il a évoqué cette période, au cours des années 70 je crois. Il m'a dit qu'il avait renoncé à la politique après l'élection de Mitterrand.

— Galmiche n'a jamais renoncé, il est têtu, le charançon ! Suivez-moi, je vais vous montrer la salle du Conseil.

Monsieur Justin Galmiche

Le professeur Galmiche avait un secret, un secret comme ceux que cultivent les enfants. Monsieur Galmiche est le président d'une République fictive, d'un pays imaginaire comme l'île Utopia, avec un gouvernement allégorique, des lois, des ministres, des députés, des ambassadeurs et des consuls, un État créé de toutes pièces. Mais monsieur Galmiche n'est pas un visionnaire. Sa République est sans originalité, c'est une république parlementaire classique, conformiste, aussi triviale que celle que nous connaissons. La salle du Conseil est la plus grande pièce de la villa Galmiche, quatre fenêtres donnant sur le jardin, des murs couverts de boiseries finement menuisées, une cheminée en marbre noir surmontée d'une grande glace avec un encadrement en bois doré style pompadour, un plafond avec des moulures tarabiscotées, un lustre à pendeloques. Sur le mur vis-à-vis de la cheminée, un imposant portrait de Galmiche en costume gris rayé avec une rosette comme un coquelicot. Le fond du tableau montre la villa arborant un drapeau tricolore.

— C'est le portrait présidentiel officiel. Le président l'a fait faire par un vieux peintre du coin, un ancien professeur de dessin qui peint des ex-votos et des portraits de famille d'après des photos. Et voici le fauteuil présidentiel.

C'était un extravagant fauteuil de théâtre, une sorte de trône doré tapissé de velours rouge, avec un dossier de deux mètres de haut dont les montants étaient sculptés d'oiseaux, de fruits et d'instruments de musique. Les membres du Conseil devaient se contenter de simples chaises, une vingtaine en tout. La place de chacun était signalée par un portrait photographique collé sur un présentoir en bois découpé. Il y avait là quelques visages connus, des ministres des années 50, 60 et 70, de plus récents et beaucoup d'inconnus, des portraits découpés dans des magazines auxquels Galmiche attribuait un nom, un prénom et une fonction.

Madame Galmiche, très crédible en « première dame », m'a expliqué que tout cela exigeait un travail immense. « Vous ne pouvez imaginer ce que ça représente comme soucis, diriger une nation, lui donner une constitution, former des cabinets ministériels, correspondre avec les chefs d'État étrangers, organiser des élections, déjouer les complots, calmer les syndicats, signer des décrets, des ordonnances… » Je ne l'imaginais pas, en effet, mais je voulais bien le croire. Puis elle m'a guidé jusqu'au cœur de cette colossale organisation, le bureau du président, une pièce dont les murs étaient entièrement garnis de rayonnages à tiroirs, des centaines de tiroirs étiquetés : éducation, famille, police, agriculture, affaires étrangères, consulats, ambassades, armée, Église, prisons, etc. Le président rédige son courrier le matin, plusieurs dizaines de lettres chaque jour. L'après-midi il dépouille les journaux, prend des notes et prépare la prochaine séance du Conseil. Ces hautes fonctions qu'il exerce depuis très longtemps ont laminé le président. Depuis quelque temps il est dépassé par les événements du monde, par les changements de la société, des mœurs et des mentalités. Il veut à tout prix faire paraître son livre sur la Franche-Comté. Il a dissous l'Assemblée, accepté la démission de son gouvernement et fermé toutes les ambassades. Mais la politique le démange toujours. Professeur à la retraite, chef d'État en vacance du pouvoir, Galmiche s'est investi à fond dans un nouveau passe-temps : commenter les articles du journal et du club de Médiapart, un magazine « en ligne » auquel il est abonné depuis sa création, un média selon lui plus que douteux mais qu'il se croyait obligé de consulter au même titre que tous les autres journaux d'opinion.

— Si vous avez un moment à perdre, vous devriez jeter un œil sur ses commentaires. Vous n'allez pas vous ennuyer. Ses contrariétés, ses frustrations, ses déboires politiques, de tout ça Foutriquet se venge. Il se défoule vraiment en tapant ses articles. Tant mieux s'il arrive à se libérer avec ça, c'est toujours mieux que de casser la vaisselle ou de tuer les lapins des environs, vous ne trouvez pas ?

Je l'ai rassurée en disant que tous les génies avaient besoin d'un défouloir, kung-fu, opium, partouzes, alcool… Le professeur Galmiche, qui ne pratique ni le sport, ni le sexe, ni les drogues, a trouvé le dérivatif le plus approprié à ses prodigieuses facultés intellectuelles.

— Il a surtout le génie de se faire de nouveaux ennemis chaque jour. Allez faire un tour sur le site Médiapart, vous constaterez vite les dégâts. Son pseudonyme, c'est Justin Savagnin, comme le raisin d'Arbois.

⋆

⋆ ⋆

Je n'ai revu madame Galmiche qu'une seule fois, par hasard, au cours d'une balade avec un ami à la Vieille-Montagne, un site du Morvan chargé de mystère et de légendes où je promène souvent mes visiteurs. Nous gravissions le sentier forestier qui mène au sommet lorsque nous avons croisé madame Galmiche qui redescendait en compagnie d'un gaillard de belle forme, homme des champs ou homme des bois, robuste et velouté à la fois, qui lui tenait la main. Madame Galmiche, resplendissante et toute guillerette, s'est jetée sur moi, « on se fait la bise ». Dans son élan elle a aussi embrassé mon compère. Voyant que je fixais son athlétique sigisbée, elle me l'a aussitôt présenté « Ne vous faites pas d'idées, ce garçon est mon petit frère, Arthur Dumarest. Il est resté au pays, lui. Il est patron d'une scierie près d'Ornans », Jocelyne et Arthur ! J'espérais autre chose pour elle. Madame Galmiche n'était pas Madame Bovary, mais estimant qu'elle avait autant besoin de dérivatifs que son vieux frappadingue, je voyais ce très corporel boquillon comme un exutoire vraiment plaisant. J'ai pris des nouvelles du professeur.

— Oh là là ! Il est en train de perdre la boule pour de bon. Il ne sort plus de son bureau. Toute la journée, et souvent des nuits entières, il répond aux commentaires de types aussi allumés que lui avec d'autres commentaires de plus en plus enragés. Il ne décolle plus de son ordinateur, et c'est tout juste s'il passe encore à table, lui qui a toujours été goinfre. Vous parlez d'un sport ! Plus d'une fois il est sorti de sa tanière comme un fou furieux, un de ces jours il va claquer d'un coup de sang. L'autre jour, c'était son anniversaire. Pour le charrier, je lui ai offert une convention obsèques comme cadeau. Je lui ai dit qu'il devrait se calmer avec Médiapart, qu'à son âge c'était dangereux de se mettre dans des états pareils. Une attaque d'apoplexie et adieu

Galmiche ! Avec ce contrat, je n'aurai pas à me tracasser pour les funérailles. Je pensais qu'il trouverait ça amusant et comprendrait le message. Autant vous dire qu'il n'a pas apprécié la blague. Au fait, est-ce que vous vous êtes branché sur le journal ? Vous avez vu toutes les conneries et les vacheries qui se débitent en réponse aux articles ? Vous lisez : *63 commentaires, 180 commentaires, 360 commentaires* au bas de certains papiers et vous constaterez qu'un tiers de ces boniments sont signés Justin Savagnin.

La République fantôme du président Galmiche m'avait enchanté – les hétéroclites me fascinent et je ne tire pas peu vanité de ma dignité de vice-consul de Patagonie ! –, si bien qu'à peine de retour, je me suis abonné à Médiapart afin de profiter au jour le jour des plus belles fleurs de la pensée galmichienne. Au début, mes espérances ont été déçues car derrière Savagnin se cachait un prof, un prof de français vétilleux et bientôt agaçant. Il corrigeait les commentateurs comme on sacque des candidats à un examen. C'est tout juste s'il ne leur collait pas des notes. Les annotateurs et les scholiastes de ce canard participatif ne sont pas tous des Pic de la Mirandole ou des Vaugelas, loin de là, mais en parcourant le fil des commentaires on s'aperçoit très vite que les plus ignorants sont aussi les plus susceptibles.

Malheureux Savagnin ! Le président Galmiche dirige une République idéale et toi, mesquin barbacole, tu vas te colleter comme un imbécile avec des frustrés anonymes, des philosophes de café du commerce et des gladiateurs de bac à sable. Tu les fustiges à propos de *premières priorités*, d'*aéropages* et de *derniers ultimatums*, tu écrases de ton dédain les pauvres calembours, les à-peu-près grivois, les mots hasardés, l'orthographe fantaisiste et la syntaxe de leurs accords ! Dans ce concours de médiocrités carillonnantes, tu vas te faire étriller ! En effet, on ne l'a pas loupé. Au début, ses corrections lui ont valu l'approbation et même quelques compliments de plusieurs internautes, probablement, comme lui, des profs retraités ou des nostalgiques du beau langage. Mais, se croyant investi d'une autorité extraordinaire par le Parnasse et l'Académie réunis, Savagnin a prestement outrepassé les limites imposées par la charte du journal. Ses corrections étaient souvent assorties d'observations méprisantes. Excédées, quelques victimes de ses sarcasmes lui renvoyaient la balle sur le même ton. Se faisant un plaisir de déplaire à ses interlocuteurs fantômes, Savagnin répliquait en leur décochant des pointes encore plus venimeuses. Ses commentaires ont été quelquefois dépubliés par la rédaction, une mesure qui le mettait hors de lui. Il revenait à la charge, criant à la conspiration et à la censure, menaçant de se désabonner, des ruades dérisoires qui provoquaient d'autres mises en boîte. L'escalade a pris fin le jour où un des partenaires de ce jeu débile a traité Savagnin de « vieux con n'ayant rien à dire sur rien, uniquement branché orthographe et grammaire, des matières sans intérêt, complètement dépassées et franchement réacs ». Ce jour-là, j'ai croisé madame Galmiche et son frangin sous les frondaisons de la Vieille-Montagne. Ses réflexions à propos de l'état d'exaltation de son mari et ses craintes pour sa santé mentale étaient fondées. Pendant la quinzaine suivante je n'ai plus trouvé de commentaires signés Savagnin, comme si la vachardise de la dernière attaque lui avait cloué le bec. Et voilà qu'il réapparaît, brusque et soudain comme un diable à ressort, plus remonté que jamais, mais dans un nouveau registre. Finies les querelles d'orthographe, de grammaire et de syntaxe dont les règles, après tout, sont assez arbitraires, et bienvenue au nouveau Savagnin, à l'incontestable Savagnin, observateur clairvoyant, philosophe profond et politicien chevronné. Politique intérieure, politique étrangère, diplomatie, éducation, justice, syndicats, religion, football, avortement, obésité, pédophilie, rap, féminisme, émigration, alcoolisme, Europe, prisons, charcuterie, haute couture, tabac, véganisme, réchauffement climatique, mariage homosexuel, permaculture, prix littéraires, allaitement maternel, etc., Savagnin ne craignait personne. Esprit universel, il mettait son grain de sel dans toutes les discussions, quel qu'en fût le sujet. Mais comme disait Suétone en parlant de Vespasien, *Vulpes pilum mutat, non mores.* Le renard, en effet, perd son poil, mais garde son caractère. À l'instar du goupil de Suétone, le nouveau Savagnin, en changeant de spécialité, s'est révélé aussi agressif, hargneux, péremptoire et blessant que le précédent. L'arrogant polymathe a très vite agacé les abonnés. Ses interventions étaient vraiment horripilantes. Un jour l'envie m'a pris de rallier ses détracteurs pour lui rabattre le caquet. J'ai défié Justin Savagnin sous le pseudonyme de Gracchus Chardonnay. Une riche idée que cette déclaration de guerre des cépages, car dans la semaine on a vu débarquer sur le fil des commentaires un Gilles Sauvignon, un Norbert Malbec, une Fatima Syrah et last but not least, un Mohamed Grenache. J'avais apostrophé Savagnin en déclarant que je le trouvais bien plus compétent lorsqu'il ne s'occupait que de syntaxe, ses appréciations sur la politique et l'économie n'étant que d'insipides banalités prudhommesques.

Prudhommesques et séniles, a ajouté le nouveau venu Gilles Sauvignon, suivi aussitôt par Norbert Malbec : *prudhommesques, séniles et rétrogrades*, talonné par Fatima Syrah : *complètement gaga ! incurable ! euthanasie !* Mohamed Grenache, le dernier arrivé sur ce méchant forum, a conseillé à tous ces beaux cépages de cesser le mitraillage du malheureux Savagnin. Il trouvait cette coalition des grappes de Bourgogne, du Sancerrois, du Quercy, du Rhône et de Provence contre le « phénix des raisins du Jura » mesquine et inefficace. Syrah a traité Grenache de « troll du F Haine (sic) parachuté sur ce fil de commentaires pour la défense et l'apologie d'un vieux con ultra-réac ». Sophie, une quidamesse dont le blaze annonce la voix de la sagesse, s'est glissée dans la querelle avec une injonction assez bourrue : « Holà, les raisins de la colère, lâchez-nous la grappe ! » La virile semonce, radicale comme la grêle ou le black-rot, a sifflé la fin de la mascarade viticole. Sauvignon, Malbec, Syrah et Grenache ont quitté le jeu, mais Savagnin n'a pas abandonné la partie. Piqué au vif, il s'est attelé à la tâche comme un robuste percheron. Il répondait longuement à tous ses détracteurs, même aux plus imbéciles, avec un mépris cinglant et concis, aux autodidactes exaltés, aux couillons qui pensaient le flétrir avec l'épithète de bourgeois, aux pions des contemporaines bienséances offusquées par ses sarcasmes, aux calembourdiers incurables qui pullulent sur ce réseau, aux pseudo-spécialistes et autres experts en tout et en rien… Galmiche s'ébrouait dans ce marigot de platitudes claironnées, de bons sentiments imposés, comme un caïman insatiable. Fanfaron comme les autres, de mauvaise foi comme eux, il était tout ce qu'il y a d'infect, mais avec lui on ne s'ennuyait pas. « L'infinie stupidité des masses me rend indulgent pour les individualités, si odieuses qu'elles puissent être », disait Flaubert dans une lettre à George Sand.

Un dimanche matin, à peine rentré des bois avec un panier rempli de cèpes, de golmottes et d'oronges, je me suis rué sur Médiapart pour vérifier si Galmiche respectait la trêve de Dieu. Nix et renix, il était bien là, plus remonté qu'un coucou de la Forêt-Noire. Au lieu d'aller à la messe comme les bons chrétiens ou aux cèpes comme les mécréants gourmands, une petite clique d'acharnés à la discussion était en train de s'étriper à propos de routiers et de transporteurs de carburant grévistes qui depuis plusieurs jours bloquaient l'accès aux raffineries. Savagnin fulminait contre les grévistes, la racaille rouge, contre les syndicats cancers de l'économie, les journalistes complices, contre l'attitude timorée du gouvernement. Les grévistes prennent les citoyens en otage ! (rengaine rebattue mais toujours valide), la prise d'otages est criminelle, par conséquent il faut appliquer aux grévistes les peines fixées par le code d'instruction criminelle pour les preneurs d'otages, chienlit, décadence, raison d'État, et patati, et patata, et patatipatala et patatapatala jusqu'à l'heure où les je-m'en-foutistes, les indifférents en matière de religion et de politique, les bons vivants, les êtres humains et les drôles passent à table pour le rôti du dimanche ou le salutaire gigot des familles. Le pigeonneau rôti aux lardons et cèpes du jour et le corton grancey qui lui servait d'escorte m'ont délicieusement éloigné du rififi galmichien pendant quelques heures. Rassasié et heureux comme « celui qui peut d'une aile vigoureuse s'élancer vers les champs lumineux et sereins », j'allais faire une méridienne à l'aise, mais j'ai différé ma petite sieste digestive le temps de découvrir où ils en étaient avec leurs chamailleries. Galmiche était encore là, toujours enragé, toujours détestable. Il avait certainement sauté le déjeuner pour que ses adversaires comprennent bien qu'il ne jetterait pas l'éponge de sitôt. Quitter l'arène au plus chaud de la bagarre, accepter la défaite en filant à l'anglaise, une alternative capitularde inimaginable pour le démiurge de l'État idéal. Hélas, hélas, sur les forums virtuels, le théoricien le plus chevronné est soumis aux ciseaux de la censure comme n'importe quel polémiste de bistrot. Il était environ quatre heures quand soudain, pfuit ! plus de Savagnin. À la suite d'un message particulièrement rosse que lui adressait un de ses contradicteurs, s'est affiché trente-quatre fois de suite l'irrévocable et fatal verdict *ce commentaire a été dépublié par la rédaction de Médiapart.* Galmiche était vaincu, éliminé. Caviardé à trente reprises, il avait abdiqué.

À sept heures, j'ai reçu un coup de téléphone de mon copain Chassignet.

— Dis donc, on ne s'ennuie pas dans ton coin. Tu devrais écouter Radio Morvan !

Mireille Larroque, fidèle auditrice de cette station, venait de lui rapporter qu'un fou furieux avait déboulé dans le casino de Saint-Honoré avec un flingue, qu'il avait blessé plusieurs vieilles agrippées aux leviers des bandits manchots avant d'être descendu par les forces de l'ordre. Pour l'instant on ne connaissait pas l'identité du « forcené », un homme très petit, très gros, très soigné, âgé de soixante-cinq à soixante-dix ans.

Le lendemain, le fait divers faisait la une du canard régional. Deux jours plus tard, on apprenait que le désespéré s'appelait Justin Galmiche, un retraité que personne ne connaissait, qui vivait dans une belle demeure bourgeoise non loin de Saint-Honoré. Dans sa voiture garée près du casino, les gendarmes avaient trouvé les papiers du forcené. Comme personne n'a répondu lorsqu'ils ont sonné au portail de son domicile, les pandores ont pénétré dans la propriété. Dans une pièce du premier étage, ils ont découvert le corps d'une femme blonde. La victime, tuée de deux balles dans la poitrine, gisait au sol devant un grand bureau à caissons en marqueterie Boulle d'époque Napoléon III. L'écran de l'ordinateur affichait une cascade de *Ce commentaire a été dépublié par la rédaction de Médiapart.*

★

★ ★

L'affaire Galmiche a captivé les échotiers et les aborigènes du Bazois jusqu'aux premières gelées. Quelques jours après le sombre dimanche, je dînai chez Chassignet. Son médecin de famille, un nemrod impénitent, avait apporté à Mireille des perdrix et des colverts. Les après-dîners de La Celle-en-Morvan tournent volontiers en veillées des chaumières, flambées dans la cheminée, digestifs, contes et légendes, nouvelles du jour et vieux ragots. Mireille Larroque, une farceuse qui prétend dater de l'époque des galvachers et des lampes à pétrole, est très friande de ce genre d'agréments.

— Alors, mon grand, que penses-tu de cet *enraigié borzillon*[1] Galmiche ? Beau *cairnaige*[2] ! Tu pourrais faire tout un roman sur le coco.

1. Bourgeois enragé (patois du Morvan).
2. Carnage.

— Je pourrais le faire, en effet, car figurez-vous que j'ai connu monsieur Galmiche ainsi que la malheureuse madame Galmiche, née Jocelyne Dumarest.

Chassignet s'est pointé avec sa cave à cigares et une antique bouteille en forme de pyramide, un rhum martiniquais millésimé 1967 de chez Bally.

— Raconte-nous ça ! Voilà du carburant pour te stimuler.

J'ai déballé ce que je savais sur le personnage, le professeur, l'historien, l'homme politique, le président de la République idéale, le foudre d'éloquence des forums de Médiapart, le mari babilan de la belle Jocelyne, le robuste frangin de la dame, les talents culinaires de Jocelyne, les confidences les plus intimes qu'elle m'avait faites…

Chassignet semblait captivé par mon exposé. Il a écouté sans m'interrompre, tour à tour intrigué, surpris, amusé, dubitatif, ému. Il s'est abstenu de tout commentaire. Au moment où j'allais reprendre la route, il s'est précipité jusqu'à ma voiture.

— Une affaire vraiment excitante ! Ce Galmiche m'intrigue. Je vais enquêter pour en savoir un peu plus.

L'œil émerillonné, il me dit qu'il trépignait déjà, que l'enquête allait sans doute prendre des mois et qu'il était ravi de s'aventurer dans une intrigue aussi intéressante. Mon ami Chassignet est un rentier honteux. Pour se désennuyer, il est toujours prêt à enfourcher des dadas chimériques, à s'inventer des missions, à faire le mariole sous les tropiques, à chercher le bar idéal dans le Montana, à se brûler la couenne dans de lointains déserts.

Mireille Larroque redoutait chaque nouvelle extravagance. Cette fois, me suis-je dit, elle n'aura pas l'occasion de se faire du mauvais sang. L'énigme Galmiche conduira le remuant gamin jusqu'au Jura, un itinéraire sans grand péril.

*

* *

Combien de jours avait-il vadrouillé dans les vallées et sur les collines du Jura, quels témoignages avait-il recueillis ? Chassignet ne voulait pas me barber avec la relation détaillée d'une expédition qui avait rapidement viré en excursion touristique et gastronomique. Je voulais qu'il me parle des Galmiche, mais l'animal m'a fait mitonner avec un baratin de syndicat d'initiative sur Arbois, Château-Chalon, Poligny, la reculée de Baume-les-Messieurs, les morilles, Courbet, le coq au vin jaune, la vouivre, le comté, le morbier et la cancoillotte, les gorges de la Loue, le poulsard et le trousseau. Je l'ai prié d'abréger sa tirade car je connaissais tout cela. Le poète Jean-Claude Pirotte m'avait affranchi très complètement à l'époque où il vivait à Arbois.

— Et Galmiche ?

— Ah oui, Galmiche… Bof ! Ton ami Justin Galmiche n'a jamais occupé de poste dans aucun ministère. C'était un petit prof qui a enseigné dans divers collèges et lycées de Franche-Comté jusqu'à sa retraite. Sa femme avait hérité d'un oncle, un petit pactole en actions et en assurances, quelques appartements et la jolie maison de Saint-Honoré que tu connais. Galmiche se prenait pour ce qu'il n'était pas. « Les fous ce sont ceux-là, qui pour d'autres se prennent. » Ainsi avait tranché Louis Aragon. Galmiche était fou. Quant à Jocelyne, qui n'était pas folle, elle n'a jamais eu de frère. En visitant les scieries dans la région d'Ornans, j'ai fait la connaissance d'Arthur, un bûcheron bâti comme le David du Bernin. Il s'appelle Arthur Belin. C'est un ami de jeunesse de Jocelyne Dumarest. Ils se sont connus au lycée sous la férule du professeur Galmiche qu'ils appelaient Foutriquet. Cet Arthur est un type épatant. j'ai passé une semaine fantastique avec ce lascar. S'il bûcheronnait dans le Morvan, Mireille l'adopterait sur-le-champ.

Deuxième journée

Volodia

à Françoise Cloarec

Celui qui a de la mémoire ne devrait envier personne.

GOETHE

… Je me souvins aussi de lui avoir souri stupidement : une chaleur délicieuse, probablement sexuelle, se gonflait en moi et me traversait. Soudain il leva le bras et me sabra, de toute la longueur de son fouet, dans l'aine.

T. E. LAWRENCE, *Les Sept Piliers de la sagesse* (chapitre 80)

1

Une incontrôlable fureur d'évasion contraint régulièrement mon ami Chassignet à quitter ses pénates pour se perdre sous des climats beaucoup plus malsains que celui de Morvan. Inopinées comme des coups de palu, ces crises récurrentes lui rappellent sans doute les bordées de sa jeunesse. Vivre en petit rentier de campagne n'est certainement pas le sort le plus beau et le plus enviable pour un ancien baroudeur. D'habitude, il disparaissait à la saison des colchiques et ne revenait qu'aux jonquilles mais, cet automne-là, pour la première fois, il était resté chez lui. À titre de compensation il trottait des journées entières par monts et par vaux sur les sentiers du Morvan, imaginant sans doute qu'il battait les buissons des mystérieux monts

Tumuc-Humac ou de la vallée de l'Oronte. En réalité, il s'échappait à l'aube pour errer comme une âme en peine jusqu'à la nuit tombée et rentrait exténué, hagard et souvent aviné. Il était en proie à ce prurit ambulatoire depuis près d'un mois quand Mireille Larroque, sa vieille nounou, m'a appelé.

— Viens dîner demain soir, mon grand. Je suis inquiète. Le gamin ne tourne pas rond. Je ne sais pas comment le rafistoler. Je ne sais pas ce qui le turlupine. Toi, t'es assez malin pour faire causer le bestiau.

Mimi s'était gardée d'avouer au « gamin » qu'elle m'avait convoqué.

Chassignet était avachi dans un fauteuil de la bibliothèque devant un magnum de meursault.

— Quel vent te drosse jusqu'à mon repaire ?

Je ne l'avais jamais vu aussi renfrogné. Son air bougon n'incitait guère au tête-à-tête, et je m'étais pointé à l'improviste. Une amie genevoise débarquait chez moi le lendemain. Cette luronne sexagénaire à peine rangée des voitures avait renoncé aux frasques et fredaines pour des passe-temps vertueux, la pâtisserie et le crochet. Elle voulait me régaler d'un gâteau aux noix, une spécialité valaisanne très calorifique. Un prétexte pour me rendre à La Celle-en-Morvan et piocher dans les resserres de Mireille.

— Une amie suisse ? Ne te fatigue pas, mais puisque tu es là, arrête tes boniments à la noix et empare-toi d'un hanap, c'est un meursault-charmes de mon ami Roulot. Tu ne seras pas déçu.

Nous avons l'habitude de lever nos verres pour porter des toasts aux espèces mal-aimées, divinités abolies, animaux nuisibles, mauvaises herbes, politiciens véreux, poètes mabouls, chanteurs sans voix, chirurgiens alcooliques…

— À qui toastons-nous, ce soir ?

— À Clotho, Lachesis et Atropos.

— Sombre trio ! Que dirait ton ami Roulot en te voyant gâcher son meursault pour rendre les honneurs à une aussi macabre trinité ?

— Pardonne-moi, je suis complètement chamboulé. Il y a quelques semaines, j'ai appris la disparition d'un ami. Il est mort dans une prison du Caire. Tu te souviens peut-être de Volodia. Tu l'as souvent croisé ici, il y a quinze ou vingt ans. Je l'avais perdu de vue depuis longtemps.

— Il est mort en Égypte ? Et c'est pour ça que tu as renoncé aux sables nubiens cette année ?

— Oui, *pour ça*, comme tu dis avec une désinvolture agaçante. Pas un mot de commisération ?

— Remplis mon verre, je me laisserai attendrir et nous goûterons ensemble à la douceur de l'apitoiement.

En versant le vin, Chassignet m'a traité d'ergoteur lyrique, de gougnafe insensible. Je lui ai suggéré de larguer les vieilles Parques pour des divinités plus folichonnes, mais, boudeur et buté, le vieux Silène restait imperméable. Je ne l'avais jamais vu aussi ténébreux.

— Cette horrible tragédie nous donnera l'occasion de nous balader dans la neige du Haut-Folin et de partager quelques plats d'hiver.

— Peut-être, sauf si je décide de partir tout de même, pas pour Assouan comme d'habitude, mais pour une autre destination, l'Amazonie, la mer de Chine, les îles Borromée, Lipari, Sandwich ou Salomon.

— Et pourquoi pas Elbe ou Sainte-Hélène, les Galapagos, les îles du Salut, ou plus modestement l'île Saint-Louis.

— Ne boudons pas les îles anglo-normandes, ni l'île de la Barthelasse !

Ce jeu débile semblait l'amuser et, le meursault aidant, son humeur bilieuse tout hérissée d'aigreur vira doucement à la facétie et à l'ironie avec lesquelles il pimente habituellement la conversation.

— Tu ne voyages plus que dans ta chambre, dans ta bibliothèque et dans ton parc depuis que tu as renoncé aux véritables odyssées. Un type qui pratique le rester chez soi ne peut pas comprendre ce qui m'arrive. Tu peux me bonnir le vieil adage *Domi manere convenit felicibus*[1], quand la fièvre du périple me prend, il faut que je me trisse.

Quand l'auditoire s'y prêtait, Chassignet se plaisait à déclamer des sentences latines, avec toute l'autorité que confère cette langue vénérable. Il le faisait toujours de façon pédantesque, une bouffonnerie pour narguer les imbéciles. J'étais rassuré. Avant de quitter La Celle avec les noix, j'ai donné ma parole à Larroque que j'avais fait de mon mieux pour confesser le « bestiau ».

— Ne craignez rien, ça va passer. Il est furieux et déboussolé parce qu'il ne peut pas retourner en Égypte, pour raison de deuil sentimental. Rien de grave !

1. Rester chez soi s'impose à l'homme heureux.

2

Le Volodia de Chassignet est une figure que je ne suis pas près d'oublier. J'avais assisté à son arrivée au domaine de La Celle, une arrivée qui tenait de l'apparition. C'était au début des années 80, un soir de printemps, à la saison des cerises. Pour des cerises, Larroque nous avait dépêchés de la bibliothèque vers le verger. Chassignet attendait quelques connaissances pour le dîner et Larroque avait décrété qu'un clafoutis ferait l'affaire pour le dessert.

— Au temps des cerises, on fait un dessert de cerises ! Je ne vais pas cuisiner des burlats à Noël, non mais ! Si vous voulez, en plus du clafoutis, je vous monte un sorbet, un sorbet aux cerises arrosé de guignolet.

— Faites donc ça, Mimi ! J'emmène le Guignolet du Bazois au jardin. C'est lui qui va grimper au cerisier.

— C'est moi le Guignolet ? Un petit guignol ?

— Oui, c'est toi, tu as toujours été un peu guignol, et tu écris souvent des guignoleries. Mais quand je dis Guignolet je ne pense pas au mariole Guignol, mais à la guigne, la petite guigne. La guigne c'est une cerise à longue queue, avec une chair molle et sucrée.

— Saloperie de Morvandiau ! Je préfère Guignolet, fils de guignol !

La guignolade a duré pendant toute la cueillette. Chassignet était en verve et sa faconde finissait par me donner le tournis. J'étais perché en équilibre précaire sur une branche du cerisier et le zigoto enfilait frénétiquement des morceaux choisis d'une cerisaie littéraire où Jean-Jacques balançait des burlats dans le corsage de mademoiselle Galley, avec l'assentiment moqueur du merle de Jean-Baptiste Clément, les risettes des jeunes filles de Francis Jammes à la chair lisse comme des cerises, un méli-mélo loufoque panaché de souvenirs personnels, des cuites au marasquin lors d'une virée en Dalmatie, au kirschwasser en compagnie de trois « Soldaten, Soldaten, schöne Knaben » dans une taverne de Mayence, d'un panier de grosses cerises noires offert par une paysanne en Anatolie. Toujours perché, je dégoisais à mon tour des échantillons poétiques avec cerises, des vers de Jean-Claude Pirotte mêlés de bribes de souvenirs d'enfance, dans les vergers des collines de Monswiller où, entre chien et loup, j'allais piller les cerisiers avec les garnements du village avant de « croquer la cerise » avec quelques polissonnes.

La cerise, disais-je, aura toujours pour moi un goût d'enfance, quand Larroque a surgi.

— Arrêtez votre numéro de chat perché et vos parlottes. Donnez le panier, sinon pas de dessert. Et toi, viens avec moi. Un jeune homme a déboulé au portail. Il te demande.

— Qui est-ce ?

— Je ne connais pas, il dit qu'il s'appelle Vladimir, Vladimir… Machin.

— Machin ?

— Non c'est pas ça, j'ai oublié le nom, mais le petit nom c'est Vladimir.

— Et qu'est-ce qu'il me veut, ce Vladimir ?

— T'as qu'à lui demander !

— Vous l'avez fait entrer ?

— Certainement pas, il t'attend au portail.

— Il ressemble à quoi, cet étranger ?

— À quoi, à quoi ? Sans doute à un Cosaque avec un prénom comme ça. Il n'est pas bien épais, mais il est bien fendu et ses quinquets aussi sont bien fendus, comme des amandes.

— Mimi, demandez-lui s'il aime les cerises. Si c'est le cas, faites entrer le Zaporogue. Dites-lui que l'oncle Vania l'attend dans la cerisaie.

L'arrivée du jeune Cosaque dans le verger fut une attraction très réussie. Préméditée ou spontanée, cette entrée spectaculaire tenait du prodige et du cirque. L'étrange visiteur s'est immobilisé un instant au seuil du jardin. D'un mouvement de tête de 180 degrés, il a balayé du regard le panorama, puis, certain que nous l'avions repéré, il a enchaîné dans les allées une cascade de cabrioles, de saltos avant et arrière, de doubles-saltos, de roues et de roulades ininterrompus. Enchanteur élastique, l'animal bondissait, culbutait sans répit et resplendissait comme un danseur des ballets russes. Après une dernière cabriole, le petit cabri s'est rétabli à deux pas du cerisier. Il s'est redressé doucement et s'est incliné devant moi avec une révérence lente et profonde, une courbette d'honneur comme on en faisait dans les ballets de cour au temps de Lully.

— Bonsoir monsieur, je suis Vladimir.

— Félicitations ! Votre souplesse est époustouflante, mais vous manquez de flair, Claude Chassignet c'est le bonhomme perché.

Bé de stupéfaction, Chassignet restait figé sur son échelle comme un idiot confronté à un phénomène surnaturel. Mais pour ce qui concernait le merveilleux, le rayon des mystères, Chassignet possédait apparemment des données particulières. Il a dégringolé l'échelle et s'est avancé vers le cascadeur en se dandinant comme un ours. Chassignet est un virtuose de la danse de l'ours. J'ai assisté plus d'une fois à ce gag et je dois dire que cette mimique montre une des plus charmantes facettes de l'ourserie naturelle du bonhomme. Agacé par le bourgeois qu'il a sous la peau, Chassignet se laisse aller de temps en temps à des gambilles de matassin. Cela ne dure jamais longtemps, son sens du ridicule le retient aussi sec.

— Jeune homme, comme vous voyez, je danse aussi bien que vous, même si mon répertoire est plus restreint que le vôtre. Mais assez de compliments, que faites-vous ici ?

D'une fenêtre de l'étage, Mireille avait observé la scène. Sans doute avait-elle apprécié le numéro, car elle applaudissait et riait aux éclats. Avec une exaltation surprenante, elle s'est écriée :

— Bravo, Monsieur Vladimir, bravo, bravo ! Je vais rajouter un couvert pour l'artiste !

D'une main, Chassignet a empoigné le cascadeur par la nuque pour le pousser vers la maison et, se tournant vers moi avec un clin d'œil complice, il a lancé :

— Suis-moi, nous allons cuisiner le jeune Volodia en vidant quelques flacons avant le dîner !

Volodia

— Volodia ? Quel Volodia ?

— Celui-ci, le souple Volodia que je tiens par l'attache du col. Volodia, en russe, c'est le diminutif affectueux de Vladimir. Mais tu ne parles pas russe et tu n'es jamais allé en Russie. Tu préfères traîner en Arizona avec ton compère Harrison, ou faire la tournée des bars du Montana avec Crumley, un autre poivrot pondeur de romans.

— Et toi, tu parles russe ? Pourquoi ne passes-tu pas tes hivers dans une datcha de Crimée au lieu de te rôtir la couenne en Haute Égypte ?

— Je ne parle pas russe, mais je le comprends un peu, assez pour savoir que Volodia signifie Vladimir. Un souvenir de jeunesse que je te raconterai peut-être, si tu promets de ne pas en faire un roman.

3

Vladimir se réclamait d'un marchand parisien de livres anciens que Chassignet pratiquait depuis longtemps. Commerçant madré, ce bouquiniste lui envoyait ses catalogues en priorité, une faveur qui n'avait rien d'une bienveillance gratuite. Chassignet enrageait lorsqu'un ouvrage qu'il convoitait dans un catalogue était vendu. Le marchand, qui connaissait ses desiderata, surcotait ses trouvailles, et le pigeon payait sans discuter, en remerciant le faisan de lui avoir accordé la primeur. Pour certains, la bibliophilie tient lieu de religion, une religion avec ses commandements, ses cérémonies, son rituel. Les prosélytes se retrouvent dans les arrière-boutiques des marchands, dans les salles des ventes, dans les clubs de bibliophiles, autant de lieux où les initiés pratiquent leurs dévotions. Religion sans charité, car il n'y a pas de fidèles plus égoïstes que les bibliophiles. Chassignet se rendait parfois dans ces étranges sanctuaires, mais il y entrait en mécréant, sans participer au culte. La frénésie des enchères, les brocantages en vigueur n'affectaient ni ses nerfs ni son imagination. Il était blasé sur ces chimères et se contentait d'observer les délires de l'engeance bibliomaniaque avec un sourire narquois. Chassignet claquait le tiers de ses revenus annuels en livres anciens, mais se fichait bien de savoir si ce type d'investissement était judicieux. Il connaissait tous ses livres, il avait lu tous ses livres. Voilà son originalité comme bibliophile. Sa bibliothèque était copieuse, mais choisie. C'était la pièce la plus intime et la plus secrète de sa maison. Quand il avait suffisamment traîné dans les bois avec son chien ou dans les bistrots du canton avec ses états d'âme, c'était toujours là qu'il allait se poser et parfois se terrer. « Je m'assigne à résidence moi-même et me barricade derrière d'épais remparts de livres, pour me préserver de la cruauté et de la bêtise de l'époque. » Voilà ce qu'il m'avait déclamé un jour avec l'emphase fanfaronne d'un philosophe de télé. C'est encore là qu'il aimait boire avec ses intimes. Aussi ai-je été très surpris en le voyant conduire l'inopiné Vladimir dans ce refuge plutôt qu'au salon du rez-de-chaussée. Cette confiance immédiate étonnait également Mireille. Elle s'est pointée avec une bouteille de chassagne-montrachet et trois verres et, sans commentaires, elle a examiné de plus près le jeune Cosaque. Avec un peu de recul, elle l'a toisé des pieds à la tête, toujours en silence, avec le regard éloquent de celle qui ne dit rien mais qui se pose des questions. La nounou de Chassignet est une des plus charmantes vieilles femmes que je connaisse. Ce que Larroque sait, ce qu'elle dit ou ne dit pas, ce qu'elle enseigne, est vraiment prodigieux. J'ai souvent été ébloui par les conversations des douairières. Larroque est une douairière à sa façon, une espèce rurale de douairière. En un coup d'œil, elle vous dévisage et vous juge. Après l'inspection, elle sourit et ce sourire est une marque d'approbation. Si elle ne sourit pas, c'est qu'elle a deviné un lézard. Seules les vieilles femmes sont capables d'apprécier ce que vaut un jeune homme. Mais, devant le phénomène Vladimir, j'avais l'impression qu'elle séchait.

Vladimir préparait une thèse sur le thème de la mort chez les poètes baroques français des XVIe et XVIIe siècles. Le marchand parisien lui avait parlé de la bibliothèque de Chassignet et lui avait conseillé de se présenter à La Celle-en-Morvan sans prévenir, « si tu lui écris, il ne te répondra pas. C'est un marginal, un sauvage. Quand je l'ai invité à dîner pour lui présenter quelques confrères et bibliophiles, des gens intéressants, il m'a remercié en disant qu'il n'avait pas besoin d'amis nouveaux. Vas-y carrément et ne lui laisse pas le temps de te claquer la porte au nez ! »

*

* *

Nous étions un peu étourdis par le montrachet en passant à table. Je n'ai gardé aucun souvenir des autres convives car, avec beaucoup d'aplomb, Vladimir avait mobilisé l'attention de l'assemblée pendant toute la soirée. Il avait tout vu, tout lu et, à part le grec, la physique, la chimie et la minéralogie, il savait à peu près tout. L'âme de ce garçon ressemblait à un bazar oriental encombré et bordélique. Pourvu de plusieurs avantages, un physique attractif, un regard à la fois velouté, pénétrant et malicieux, et aussi celui de charmer par la parole, il s'était employé à séduire ce public improvisé en étalant sa culture littéraire et ses goûts avec un ton un peu équivoque, tantôt railleur, tantôt suave et presque mielleux. *Fermina Márquez* était le plus grand roman du siècle, le *Bureau de tabac* la plus achevée des nouvelles et *Pervigilium mortis* de Pierre Louÿs le plus beau poème de la langue française, des appréciations péremptoires comme le sont souvent les propos de table. Dopées au chardonnay, les louanges et les critiques virent généralement à l'excès. Ayant assisté au numéro du jardin, je n'ai pas été surpris par cette nouvelle prestation. Le babil intempestif après la gigue endiablée. Je me suis dit que l'excessif était certainement le style naturel de cet olibrius.

Les tagliatelles aux escargots talonnaient les œufs en meurette, suivies par un gigot d'agneau en croûte mais, peu sensible à ces merveilles, Vladimir poursuivait son soliloque. Avec un brio irrésistible, il n'a pas tardé à éblouir toute la compagnie. Chassignet ne disait rien et restait, lui aussi, médusé devant l'étourdissant moulin à paroles. Surprenant, car le bonhomme se laisse rarement voler la vedette sous son toit. D'ordinaire, il n'aime guère avoir affaire à de nouveaux visages. J'ai été surpris par la rapidité avec laquelle il avait adopté celui-là. Seule Mireille restait impassible. Quand elle croisait mon regard, elle levait les yeux au plafond et, lèvres pincées, secouait la tête avec un sourire complice : « Nous deux on ne s'en laisse pas conter par ce petit *bavoichou*[1]. » Une furtive et tacite connivence me lie depuis longtemps à Mimi Larroque, aussi disposons-nous d'un plaisant répertoire de signes pour conniver, souvent aux dépens de Chassignet.

---

1. Bavard (patois du Morvan).

En réponse à son signe, je n'ai pu m'empêcher de grimacer une moue d'agacement. Mireille a immédiatement déchiffré le message et, du tac au tac, elle a mis un terme à la logorrhée du petit bavoichou : « C'est bien joli tout ça, mon garçon, tu es vraiment fort pour le baratin, mais il est temps de quitter la table. Claude, conduis ta troupe au salon. J'apporte le clafoutis et les sorbets ! »

Le sorbet de cerises était délicat et onctueux. Les glaces et les sorbets de Mireille étaient d'une saveur et d'une texture inégalables. Quand j'ai voulu connaître son secret, elle a gloussé : « Y'a pas d'secret, mon grand. Chassignet est revenu de Rome l'an dernier avec une sorbetière italienne. Tu ne peux rien rater avec cet engin, ça te turbine des glaces italiennes. » Mireille avait copieusement arrosé ma part avec un vieux marasquin. Les autres ont dû se contenter de quelques traits de guignolet. Avec cette marque d'attention particulière, Mireille me signifiait de façon touchante et familière qu'elle me considérait comme un hôte à part, une sorte de favori officiel, de chouchou consacré. Ce régime de faveur agaçait un tantinet mon compère. Dans sa jeunesse, Chassignet avait été choyé à l'excès par sa nounou. Le vieil enfant despotique voulait sans doute conserver l'exclusivité de son dévouement. Pour perpétuer les émotions de l'enfance, Mireille persistait à appeler Chassignet « le gamin » ou « mon gamin ». Quand elle s'adressait à moi, elle disait « mon grand » ou « mon grandet ». La vieille nounou m'avait en quelque sorte adopté moi aussi, en m'assignant un emploi de grand frère. Le rôle ne me déplaisait pas. Comme Chassignet, j'avais perdu ma mère à la fin de mon adolescence. Je n'ai jamais éprouvé le besoin de la remplacer. Le statut d'orphelin célibataire me convenait tout à fait. Ce qu'on appelle l'esprit de famille n'est pas mon fort, mais hériter sur le tard d'un frangin et d'une marâtre de ce calibre, c'est gagner le gros lot juste avant la clôture de la loterie.

Dûment chardonnisé, noirci au pinot et marasquiné, j'ai tiré ma révérence. Sur la petite route de Château-Chinon à Moulins-Engilbert, j'ai dû freiner devant un jeune lièvre en goguette, un noctambule exalté qui a caracolé devant la lumière de mes phares pendant plusieurs centaines de mètres avant de bondir vers le bas-côté. L'oreillard gambilleur m'est apparu comme une réplique de l'élastique Volodia. Son numéro de faune culbuteur m'avait ébloui, mais pendant le dîner, j'ai défrisé. Le bagou, les rires arpégés avec lesquels il ponctuait ses saillies, étaient exaspérants. Combien de temps Chassignet supportera-t-il ce crispant petit Cosaque ?

4

Les trésors baroques de la bibliothèque de Chassignet étaient sans doute inépuisables, car Vladimir s'éternisait. Arrivé aux cerises, il gîtait encore à La Celle à la saison des châtaignes. La durée de cette liaison avait de quoi surprendre. Vladimir détonnait dans la ménagerie intime de Chassignet. Dans l'entourage du bonhomme je n'ai connu que des lurons récréatifs et des femmes mystérieuses. Mireille Larroque, qui déteste les femmes autant que les énigmes, a toujours encouragé le penchant du gamin pour les premiers, quand bien même cette robuste et joyeuse troupe compterait maintes fripouilles et quelques franches bestiasses. Je me rappelle un certain Boris, un voyou souple et dru avec une crinière paille et un museau de fouine, que

Chassignet appelait Boris Day parce qu'il dandinait des hanches. Cette crapule était flic, un détail qui ne semblait pas gêner Chassignet. La joyeuse équipe se retrouvait pour des soirées ou des fins de semaine de bamboche et bombance. Larroque avait décrété que ces lascars étaient du même bord qu'elle, aussi leur faisait-elle bon accueil et mettait toujours les petits plats dans les grands. Pour ces robustesses plébéiennes elle préparait des festins tels qu'on devait en déguster à Capoue à l'époque où les troupes d'Hannibal séjournaient en Campanie. « Je préfère qu'il s'amuse avec ses copains plutôt qu'avec des pimbêches ! » Guidée par un flair de renarde, elle avait éventé l'ours en trois coups de nez. Ces femmes mystérieuses, cultivées, raffinées, finissaient toujours par fatiguer l'ancien baroudeur. Entre deux étreintes, elles raisonnent, font des projets, analysent. Elles ont toujours l'air de faire l'amour en tenue de cérémonie. Adepte du spasme sans vains serments, Chassignet trouvait cela très fastidieux. Déguster le brouet amoureux lui semblait une perspective gastronomique peu ragoûtante. Ayant promené ses rêveries plus souvent dans les maquis que dans les salons, il aimait la compagnie des pacants. Les rustres sont francs et carrés, ingénus et jamais pignoufs, la pignouferie étant un travers exclusivement bourgeois. Au milieu de cette faune il semblait comblé, comme ivre d'exister. Vu son caractère revêche, j'étais surpris par les bringues, les jeux et les ébats auxquels il s'adonnait avec sa bande. Comme je m'en amusais, il a voulu me mettre au parfum avec des justifications zoologiques.

— Nous sommes une meute de lycaons, mais un type comme toi ne peut sans doute pas comprendre...

— Des lycaons ?

— Comme je te le dis ! Des lycaons, certains beaux et fringants, d'autres plus disgracieux et quelques-uns vraiment moches. Le lycaon est le seul animal grégaire vivant en parfaite anarchie. Pas de roi, pas de mâle dominant, ni guide suprême, ni matriarche mal grattée. Ni dieu ni maître chez les lycaons !

— Je comprends très bien. Cela dit, tu as un chien et ton clébard n'est pas lycaon. Tu es son dieu et son maître, que tu le veuilles ou non. Je pige enfin pourquoi tu l'as appelé Ravachol !

— Tu ne piges rien du tout. Quant à nos fiestas et ripailles, pour rester dans la zoologie, voilà ce que disait Buffon, notre voisin de Bourgogne : « Il se peut que la modération dans les passions, la tempérance et la sobriété dans les plaisirs, contribuent à la durée de la vie. Encore cela paraît fort douteux. Il est peut-être nécessaire que le corps fasse l'emploi de toutes ses forces, qu'il consomme tout ce qu'il peut consommer, qu'il s'exerce autant qu'il en est capable. »

— Je ne saisis pas bien tes élucubrations anarchisantes, mais ce que dit Buffon, je le comprends et le ratifie volontiers. « Jusques aux moindres occasions de plaisir que je puis rencontrer, je les empoigne ! » disait Montaigne.

M'étant un jour pointé à l'improviste, j'ai surpris Mireille en train d'épier Chassignet et sa meute qui jouaient au ballon dans une clairière du parc. « Viens par là, qu'elle me fait, et regarde-moi ça. C'est-y pas mignon à cet âge ? » Une mère poule fière de sa couvée.

— À cet âge ? Mais Mireille, tous ces types ont entre trente et quarante balais !

— La belle âge pour le sport et la java, non ? Tu te demandes sans doute ce que le gamin fabrique avec ces garnements. Quand on fraye avec des polissons, c'est qu'on aime les polissonneries.

— Des garnements, des polissons ! Votre gamin va sur ses soixante ans, Mireille, la belle âge pour polissonner !

— Que veux-tu, il se rattrape. Tu n'as pas connu son père. C'était un tyran. Quand il était petit, Claude allait à l'école du village et là, pour la première fois, il s'était fait des copains, des fils de fermiers, de bûcherons, des enfants d'ouvriers, des gosses simples et normaux. Il s'amusait beaucoup avec eux et parfois, à table, il répétait les blagues et les gros mots qu'il entendait dans les familles de ces garçons. Pour l'éloigner de cette « populace », le vieux a bouclé le môme dans un internat de ratichons, à 500 bornes du Morvan. La bonne idée ! Dans cette caserne où il est resté cinq ans, Claude a chopé tous les défauts qui lui manquaient. Tu piges maintenant, quand je dis qu'il se rattrape ? Ces lascars, c'est sa cour de récréation. Certains sont les fils ou les neveux de ses camarades de la communale.

Je connaissais le passé baroudeur de Chassignet, baroud embrassé sur un coup de tête pour se venger du vieux despote, une étape obscure, sans épisodes glorieux, une énigmatique parenthèse d'héroïsme rudimentaire. Chassignet ne m'a jamais fait de confidences sur ses équipées génitales et ses activités amoureuses. Les lycaons étaient certainement de la partie. Le répertoire des voluptés de l'ex-baroudeur se limitait peut-être à des frasques tout aussi rudimentaires, des polissonneries, comme dirait Mireille. Polissonneries et bordées de potaches. Une nuit, alors qu'ils étaient tous bourrés comme des cantines, Chassignet a improvisé un vibrant plaidoyer en faveur des chariots de supermarché, des malheureux enchaînés l'un à l'autre comme des forçats. Pour couronner son discours de façon mélodramatique, il a goualé, avec des accents de baryton d'opéra, quelques strophes d'*Adieu cher camarade*, une vieille chanson de marins :

Dimanche et jours de fête, on nous fait travailler
Comme des bêtes de somme, qui sont chez nos fermiers,
Les forçats de Cayenne sont plus heureux que nous,
Sont plus heureux que nous

Braves petits caddies qui triment toute la journée et ne demandent qu'un peu de liberté pour rouler au clair de lune sur des petits chemins de campagne ! Persuadés d'agir pour une noble cause, les lycaons ont quitté La Celle à trois heures du matin, façon commando de francs-tireurs en expédition. Ils ont investi le parking d'un magasin Leclerc. Avec des tenailles de force ils ont brisé les chaînes de l'esclavage et libéré tous les chariots avant de les disperser dans les environs comme une armée en déroute. Ce barouf désopilant a réjoui quelques échotiers du *Bien Public*, du *Progrès* et du *Journal de Saône-et-Loire*, mais l'enquête de gendarmerie réclamée par l'épicemar a fait long feu. Un des pandores appartenait à la meute de Chassignet, et ce schmitt maniait le coupe-boulons comme un pro.

5

Vladimir ressemblait à un faune dessiné par Aubrey Beardsley. Son élégance suave indiquait aussitôt que le personnage était une anomalie dans la fauverie de Chassignet. Pourtant, à la fin de l'automne, il était toujours là. Moins capricant, moins volubile qu'au printemps, il s'était métamorphosé en chat domestique : un mistigri tatar, œil langoureux et patte de velours, qui avait trouvé le panier idéal.

Qu'est-ce que le vieil ours pouvait bien fabriquer avec ce matou exotique ? Avec sa bonhomie adorable, Larroque suggère : « Avec le petit Cosaque ? Que veux-tu qu'il fasse d'autre que des cosaqueries ?

— Vous avez sans doute raison, ça le change des distractions avec sa bande de coyotes !

— Des lycaons, pas des coyotes ! »

J'ai renoncé depuis longtemps à déchiffrer les singularités de la personnalité de Chassignet. Comme tous ceux qui le supportent et l'apprécient, j'aime le bonhomme comme il est, avec ses humeurs, ses penchants et ses revirements paradoxaux. Plus insouciant que philosophe, Chassignet voit les jours s'écouler sans se laisser troubler par les événements du monde. Les idées politiques ni les principes religieux, les astreintes de l'air du temps ni les règles de bienséance n'ont de prise sur ce libertin. Il incarne assez bien ce qu'on appelait un viveur à l'époque d'Alexandre Dumas et de Charles Monselet. Mais ce viveur, bien trop intelligent pour se contenter d'être heureux, recelait aussi un être sensible. Sa voix trahissait parfois de secrètes douleurs.

Un soir de pluie, il se ramène chez moi pour se rincer avec un cépage alsacien. Sa cave étant exclusivement bourguignonne, il compte sur la mienne lorsqu'il recherche le dépaysement. Il tombait pile au moment où, presque tous les soirs, je me fertilise au riesling, une demi-heure de *Heimweh* nostalgique et loufoque pendant laquelle je cogite et radote en dialecte alsacien, histoire de ne pas renier mes origines. Chassignet se trouvant un peu ronchon, je lui ai épargné mon vaudeville alsacien. Pour mater son humeur chagrine, nous avons trinqué avec un riesling heissenberg de mon ami Ostertag, un vin opulent et chaleureux. Les voluptueux résistent rarement aux arômes de ce nectar.

— Il est bon, ton vin. Il est délicat comme un soleil de printemps et câlin comme une fille de joie. L'inconvénient, c'est que ces bouteilles alsaciennes manquent de contenant. Elles sont jolies, sveltes comme des mannequins anorexiques, mais tu bois un verre pour tâter, un deuxième pour te délecter et le flacon est vide. Il faut un ressemelage !

Dans l'idiolecte chassignesque, ressemelage veut dire seconde tournée. Il tient cette métaphore non pas de son bottier mais du chef du bar du Lutetia, son escale favorite quand il vagabonde le soir dans les rues de Paris.

En guise de ressemelage, j'ai encore pioché dans mes réserves Ostertag. J'ai opté pour un Grand Cru Muenchberg, un monstre de volupté très complexe. Aucun spleen ne résiste aux tourbillons d'arômes dispensés par ce cru. J'ai souvent convoqué ce vin d'allégresse pour éloigner mes papillons noirs, toujours avec succès.

Les lugubres phalènes qui tourmentaient Chassignet ont un peu résisté à l'orviétan alsacien, mais le « ressemelage » a suscité un besoin d'épanchement. L'heure était propice aux inventaires mélancoliques, un exercice auquel le vieil ours se prête volontiers dès qu'il a obtenu sa ration et le rabiot. Son passé est un luxuriant bric-à-brac romanesque, un arsenal de souvenirs dans lequel il se perd souvent avec une nostalgique complaisance. Entre deux vins, il revient sans cesse aux fringantes annales de sa jeunesse, jusqu'à en rabâcher. Ce soir-là, il avait décidé que le moment était propice pour me parler enfin de Volodia, non pas le thésard qui parasitait sa chartreuse depuis trois saisons, mais d'un Volodia Premier, un jeune Russe qui fut son binôme à la Légion. Chassignet avait signé pour cinq ans au 3e R.E.I., l'année où cet héroïque régiment venait de quitter Diego-Suarez à Madagascar pour les moiteurs de la Guyane. Sa compagnie était constituée d'éléments variés et, pour certains, peu compatibles, un assemblage disparate de Yougoslaves, de Polonais, d'Italiens, d'Allemands, d'une escarpe échappée de la prison d'Auxerre et de quatre Russes. Bicause mitoyenneté géographique, le jeune Morvandiau avait spontanément sympathisé avec le voyou icaunais. Le sergent Carpentier, Carpentoche pour les copains, était natif de Seignelay. Pour se venger d'un père coupable d'abandon, un prétentieux cavaleur qui dirigeait un important cabinet d'avocats à Auxerre, Carpentier fils fit carrière dans le proxénétisme, le trafic de stupéfiants et, subsidiairement, dans le braquage de banques. Le ruffian avait conté ses exploits au 2e classe avec une fatuité champêtre comique et touchante. « Moi aussi, je déteste mon vieux, a répondu Chassignet, et pour ne plus voir sa gueule, je me suis engagé. » L'instructeur Carpentier était une splendide arsouille. Querelleur, dépravé et buveur, les jours de perme, il entraînait de force les jeunes recrues pour des barouds dans les bars et les bordels de la Crique de Cayenne. Ruffian laps et relaps, il avait trouvé moyen d'arrondir clandestinement sa solde, en « soutenant » deux filles, une Brésilienne et une Dominicaine, tombées d'une tapouille. Démolitions de bars, rixes avec les matelots brésiliens, orgies de soudards, les équipées de Carpentier réjouissaient le jeune Chassignet. Blanc-bec en proie à d'abstruses fureurs, il se comportait comme le plus sauvage et le plus cynique de la bande. Ces chétifs exploits d'aventurier inexpérimenté lui semblaient le comble de l'abjection et de la gloire. Tourlourou d'opérette, il faisait le faraud à chaque virée et surjouait son rôle en dédiant, par la pensée, la farce au père détesté. Un canular qui joue les prolongations devient bientôt une farce indigeste. Un des Russes du régiment portait un intérêt particulier à Chassignet. C'était Vladimir, le plus jeune des quatre, un garçon délicat et réservé qui se tenait à distance des ribauderies de Carpentier et de ses acolytes. Fervent lecteur de Dostoïevski, Chassignet voyait dans ces Russes des avatars des Karamazov. Boris et Lev, des lascars de trente et trente-cinq ans, un exalté insupportable et un bilieux déprimant, lui rappelaient évidemment Dimitri et Ivan Karamazov. Quant à Vladimir, le gracieux Volodia, l'ange égaré chez les soudrilles, il apparaissait comme une réincarnation très réussie du suave Aliocha. D'où venait-il ? Quels chemins avait empruntés ce candide avant de ramener sa frimousse dans ces féroces parages ? Mais ici on ne pose pas de questions sur le passé. Ni passé, ni famille, ni patrie. La patrie s'appelle Légion, la devise vaut pour tous : Legio Patria Nostra. Agacé par l'affectueuse sollicitude du frangin, Chassignet l'envoyait bouler la plupart du temps.

— Lâche-moi, je ne suis pas doué pour la puériculture.

— Puériculture ? J'ai le même âge que toi.

— On ne dirait pas. J'en ai marre de t'avoir toujours suspendu à mes basques.

— Les maillots du 3e R.E.I. n'ont pas de basques. Tu es un animal assez rébarbatif, mais intéressant. Tu me fais penser au voyou de Essenine.

— Toi, tu me fais penser à un séminariste mal branlé. Pourquoi le voyou de Essenine ?

— Parce que je crois que tu es un type raffiné, vaguement poète, mais que tu as gardé la fougue du voyou villageois qui se souvient de l'odeur du fumier natal. La gueule immonde des porcs te plaît sans doute, sinon tu ne te commettrais pas avec Carpentier et sa bande.

Volodia était un garçon secret et mélancolique, toujours en proie à des préoccupations intérieures, mais il possédait le don d'éveiller la sympathie chez tous ceux qu'il approchait. En toutes circonstances, même dans les plus pénibles, il se comportait avec une douceur désarmante, avec la désinvolture d'un homme qui avait coupé les ponts derrière lui. Il était beau et de surcroît très bon, d'une bonté qui irradie et éveille des sentiments. Chassignet n'a pas résisté longtemps. Loyolisé pendant toute son adolescence, abreuvé à satiété de culture antique et partant, hétérodoxe en amour, il se fit Achille pour ce nouveau Patrocle. Les amitiés viriles atteignent parfois, dans les casernes, une intensité inconcevable pour le pékin. Féru de grecqueries archaïques, Chassignet fantasiait son aventure avec Volodia comme une amitié idéale, une « philia » à la vie à la mort, la genèse d'un destin héroïque. La compagnie où ils servaient était un simulacre du bataillon sacré de Thèbes.

Une des premières missions du 3e R.E.I. après avoir pris ses cantonnements à Kourou, fut le percement de la route de l'est qui devait relier Cayenne à la frontière brésilienne en longeant les Montagnes des Chevaux et les Montagnes de Kaw jusqu'au fleuve Approuague. Il fallait trouer l'impénétrable forêt amazonienne, abattre des milliers d'arbres, tracer une large piste en terre de latérite, un chantier infernal dans un environnement particulièrement insalubre. Plusieurs compagnies y ont été décimées, instantanément ou à petit feu, par les moustiques, fourmis et araignées venimeuses, par les redoutables mouches à feu et les imperceptibles phlébotomes, à grands coups de fièvres, dengue, palu, filarioses et autres saloperies équinoxiales. Dans cette aventure, Chassignet a gagné un palu dont il n'a jamais pu se débarrasser. Moins chanceux, Volodia a chopé dans ce lieu de délices la plus redoutable des leishmanioses, une sorte de lèpre provoquée par la piqûre d'un moucheron qui vit dans les frondaisons. En tombant, les arbres entraînent le minuscule tueur vers le sol. Petit à petit, la maladie a rongé le visage de Volodia, des lésions ulcéreuses ont mutilé ses joues, son nez et ses lèvres. À l'époque, on soignait difficilement cette infection et le remède, à base d'antimoine, était sans doute aussi funeste que le mal. La mort de son binôme a mis le cœur de Chassignet en deuil pour un long temps.

— Qu'as-tu fait après la perte de ce plus que frère ?

— J'étais déboussolé et furieux, mais j'étais jeune. À cet âge, les blessures cicatrisent rapidement. Pour hâter la guérison, j'ai repiqué aux bordées avec Carpentier. J'ai compris que je n'étais doué ni pour le déforestage ni pour les travaux de terrassement, et encore moins pour l'obéissance à un chef hiérarchique, mais que j'avais de sérieuses dispositions pour la débauche et la bagarre. J'ai fait de grands progrès dans ces deux disciplines, non sans essuyer plusieurs sanctions disciplinaires avec l'indulgence complice de notre colonel. Puis je me suis toqué d'une serveuse d'un restaurant de brousse à Régina, une sirène bretonne échappée du voilier de son copain, un skipper basque qui promenait des touristes. Mais ça c'est une autre histoire.

— De quelle partie de la Sainte Russie était venu ton ami ?

— Du Plessis-Robinson ! Sa famille, des aristocrates comme tous les Russes, était arrivée en 1814 dans la suite du tsar Alexandre et de son frère, le grand-duc Constantin, venus rendre visite à César de La Harpe, leur ancien précepteur. À son retour de Russie, ce La Harpe avait acquis une propriété au Plessis-Robinson. L'aïeul de Vladimir a acheté un petit château proche de sa demeure. Les deux hommes s'étaient liés d'amitié à la cour de Catherine. Un an plus tard, La Harpe a quitté la France pour rentrer en Suisse, son pays natal. La famille de Volodia est restée au Plessis-Robinson. Tout cela n'est peut-être qu'une légende familiale. C'est d'ailleurs la seule confidence qu'il m'ait faite sur sa famille. Il n'a jamais évoqué ses parents et j'ignore tout de sa jeunesse. La Guyane, la Russie… des latitudes requérant d'autres carburants. Nous avons quitté le riesling pour un vieux rhum martiniquais, car je n'avais pas de tafia guyanais à lui proposer pour illustrer ses souvenirs. À défaut de vodka russe, nous avons poursuivi avec un succédané suédois en hommage aux deux Vladimir.

— On dirait que tu as définitivement adopté Volodia le second. Est-ce parce qu'il ressemble au premier ?

— Non, il ne lui ressemble pas, ni par son physique, ni par son caractère. Et je ne l'ai pas adopté. Je ne le retiens pas, c'est lui qui s'attarde.

— Je t'ai connu moins patient. D'habitude tu te débarrasses des encombrants vite fait, bien fait.

— Ce garçon n'est ni encombrant, ni importun. C'est un type fin, très lettré, peut-être un peu roublard. J'ai l'impression qu'il rédige sa thèse chez moi. Il travaille des journées entières dans ma bibliothèque et souvent tard la nuit. Il est venu pour se documenter, mais je crois qu'il se plaît à La Celle et comme Mireille l'a à la bonne, il n'est pas pressé de retourner à Paris. Je comprends ton étonnement. Ce jeune doctorant cadre mal avec mes habitudes. J'ai peut-être atteint un âge où l'on a plus de souvenirs que de projets.

— Allons donc ! Tu ne fais plus de projets parce que tu es devenu paresseux. Sache que le farniente n'est admirable que chez les poètes. Les autres cossards ressemblent à des fonctionnaires en grève.

— L'âge n'a rien à voir avec le calendrier. Je ne caresse plus de projets parce que les projets sont des chimères. Je préfère choyer mes souvenirs. Ma vie a été plus tumultueuse et plus colorée que la tienne, aussi en ai-je beaucoup, la plupart profondément enfouis. Je n'ai jamais croisé un Vladimir après mon aventure en Guyane. L'apparition de cet étudiant a ravivé une plaie que je croyais cicatrisée. Les années se sont écoulées comme des flots effrénés depuis ce temps-là. C'est une histoire ancienne, une histoire « du temps que les bêtes parlaient ».

— C'est cela, il y a bien trente ou quarante ans ! Le rhum et la vodka ne te vont pas. Tu deviens sentimental, c'est assez écœurant. Nous avons tous des morts dans le cœur. « Chacun de nous porte en soi sa nécropole », disait Flaubert.

Ce Volodia bis, d'où vient-il ? Encore un Russe du Plessis-Robinson ?

— Il vient de Brest et ne connaît pas son père, un légionnaire que sa mère avait dragué à Calvi pendant des vacances en Corse et qui s'appelait Vladimir.

— Je comprends. Pour toi, c'est presque une histoire de famille !

Chassignet a fini la nuit dans ma chambre d'amis. Le lendemain, frais et comme requinqué, il a regagné ses pénates. Le voyant tout gaillard, je me suis dit qu'il allait « choyer ses souvenirs » avec un enthousiasme redoublé.

6

Quinze jours plus tard, Vladimir avait quitté le Morvan. On voit apparaître des météores qui, après avoir brillé, disparaissent et s'éteignent. Celui-là avait tout de même régné un certain temps. Chassignet voulait me remercier pour la soirée riesling avec une veillée chardonnay. L'ours ne supporte pas la solitude. Livré à lui-même, il se croit en mauvaise compagnie et s'il n'a personne sous la main pour l'en distraire, il boit, vide le garde-manger et tourne comme une bête en cage. Depuis trois jours, Mireille était au chevet d'une cousine quelque part en Franche-Comté. J'étais disponible et me suis donc pointé chez le « gamin » abandonné en invité providentiel. Il m'a embrassé et serré contre son poitrail avec de vigoureuses tapes dans le dos, une effusion un peu excessive pour d'aussi rapides retrouvailles. Son chien aussi m'a fait fête. Dressé sur ses pattes, il m'a léché la bobine avec des jappements convulsifs, en labourant mon thorax. Pour sonder les états psychiques de leurs maîtres, les chiens sont d'excellents baromètres. Par ce débordement d'enthousiasme, celui-ci voulait certainement me dire : tu arrives à point.

Au fourneau, Chassignet ne peut rivaliser avec Larroque. Trop pressé de passer à table, il est incapable de préparer minutieusement une recette, de fignoler un plat, de surveiller une cuisson. Le mijotage à feu doux n'est pas son fort, mais il est très doué pour l'improvisation. J'ai le souvenir de quelques mets éblouissants confectionnés au débotté par un Chassignet inspiré et dispos. Mais ce soir-là, mon compère n'était pas d'humeur dispose : purée et boudin grillé, un menu de cantine !

— Tiens, du boudin pour l'Alsacien ! Tu vas encore me parler de ton stage à la Légion ?

— Non, je ne vais plus t'infliger le récit de mes vieilles misères. Depuis le temps, beaucoup d'eau a coulé sur les sauts de l'Oyapock et de l'Approuague. Mais sache, pauvre pékin, que le boudin de la marche des légionnaires n'a rien à voir avec ce que tu as dans l'assiette.

Ce que j'avais dans l'assiette ? Du rustique à la bonne franquette que nous avons expédié en moins de deux pour filer vers la bibliothèque.

— Ne m'en veux pas pour ce dîner bâclé. Pour que tu me pardonnes, et en remerciement pour la patience avec laquelle tu as écouté mes histoires l'autre soir, j'ai prévu une veillée sur le Mont Chauve.

— La Russie encore ! Moussorgski, Karamazov, les deux Volodia, les sortilèges slaves, une soirée vodka ? Tu m'avais promis du chardonnay.

Chassignet est un type à foucades qui ne veut jamais démordre de ses lubies. Témoin et parfois complice de ses fantaisies depuis une vingtaine d'années, je ne me suis jamais ennuyé en compagnie de cet esprit biscornu. Je m'attendais à un caprice inédit. Tranquille, quasi olympien et un peu matois, il m'a rejoint dans son retiro de bibliomane avec un rafraîchisseur en cristal où baignait une bouteille.

— Du Mont Chauve, voilà ce que j'ai de plus précieux, de plus quintessencié. Ce nectar devrait te chatouiller, ô toi, le plus baroque des suppôts de Bacchus.

C'était un criots-bâtard-montrachet, un vin auquel Chassignet m'avait initié, un vin que j'adore.

— Loué sois-tu, ô divin mystagogue, mais je ne vois pas ce que le Mont Chauve vient faire ici.

— Parce que tu ne connais pas l'étymologie de Montrachet. Jadis, au temps des ducs de Bourgogne, la colline s'appelait le Mont Rachas et rachas signifiait chauve, chauve comme le crâne que tu rases méticuleusement tous les matins, chauve comme cette colline sans végétation, chauve comme le mont russe où dansent les sorcières de Gogol et de Moussorgski.

— Trêve d'étymologie et de divagations gymnocéphaliques, remplis mon hanap et rendons grâce à la famille Latour.

Après cette éblouissante ouverture, notre veillée chardonnay s'est poursuivie avec des bouteilles de moindre aloi. La nuit était bien avancée lorsque j'ai voulu prendre congé, mais Chassignet m'a retenu au motif que j'avais trop bu et que la chambre d'amis était libre. Comme il insistait, je lui ai demandé s'il était chagriné par le départ de Vladimir.

— Quelle idée ! C'est moi qui l'ai prié de partir.

— Il a passé plus de six mois ici. J'ai cru que tu l'avais adopté à perpète et voilà que tu le débarques. Pour quel motif cette soudaine disgrâce ?

— Quand le puissant, l'indéfinissable et mystérieux charme est rompu, l'illusion est détruite. Le supposé charme slave est une fumisterie. J'ai voulu ranimer un souvenir de jeunesse avec un leurre.

— Choyer ses souvenirs de jeunesse est un signe avant-coureur de caducité. Je m'étais retenu de te le dire pendant la soirée riesling. Je compatis à ta désillusion, mais ne vois toujours pas ce qui a pu la provoquer.

— Ne bouge pas, je vais chercher une autre façon de chardonnay, un vin qui collera bien avec l'anecdote que je vais te déballer.

L'autre façon était un vin du Mâconnais. Chassignet a levé son verre à la mémoire de l'auteur des *Méditations poétiques* et de *Jocelyn*. Je lui ai demandé ce que Lamartine venait faire dans l'histoire. Pouilly-fuissé, charme slave et méditations poétiques, un bizarre assemblage, une nouvelle extravagance du vieux paillasse, une plaisanterie qui risquait d'être un peu longuette. Je tombais de sommeil.

— Dis-moi pourquoi tu as fini par virer le petit Cosaque, en deux mots s'il te plaît, ou alors ne dis rien et je vais me coucher. J'ai assisté à son arrivée, j'ai vaguement suivi l'aventure et suis curieux d'en connaître le dénouement, simple curiosité de romancier.

Mieux cuirassé que moi pour les libations prolongées, Chassignet a rempli les verres, puis m'a tendu une mince plaquette reliée en soie pervenche.

— Tiens, lis à partir de la page 19.

Le petit volume était titré *Lamartine chez lui (souvenirs intimes)*, daté de 1869, sans nom d'auteur.

— Ça a paru quelques mois après la mort du poète. L'auteur était sans doute un proche. Je n'ai pas réussi à l'identifier. Je te l'offre en souvenir de cette veillée.

Voici le passage, textuellement : « Un jour, il y a de cela pas mal d'années, M. de Lamartine était à Saint-Point. Une berline de poste s'annonce par une sérénade de coups de fouet… – des armoiries, quatre chevaux, un courrier en avant, deux domestiques sur le siège, dont une femme de chambre en voile vert, de belles vaches en cuir dessus, derrière et dessous : tout ce qu'il faut pour déplacer beaucoup de poussière et ne jamais manquer son entrée dans les comédies de la vie. Ce fracas se résumait par une belle grande dame russe en itch ou en off. Elle arrivait tout exprès de Moscou pour voir le poète du *Lac* et des *Harmonies*. C'était désormais pour elle une condition de vie ou de mort ; elle ne pouvait plus respirer sans s'être donné cette satisfaction ; – Lamartine ou la tombe !… Vous savez ce que sont les Moscovites, quand elles se mêlent d'être du monde et d'être jolies : sveltes, fines, délicates, endiablées, des camélias légèrement rosés qui sortent d'une fourrure, et de l'esprit ! et de l'aplomb ! et des airs de tête ! et des tours de jupes ! et un accent !… de suaves petites notes argentines qui s'égrènent d'un clavier d'ivoire. Avouons que c'était flatteur, et qu'il eût fallu être plus ou moins qu'un homme pour ne pas avoir, en pareille occurrence, un mouchoir à jeter. Lamartine jouissait en vrai sybarite de cette fête qu'on donnait à son amour-propre. Quand après une demi-heure de *contemplation*, la grande dame voulut repartir, il se trouva que, sur l'ordre du maître, les chevaux étaient retournés à la poste et que la berline dormait sous la remise.

— Quoi ! est-ce possible ?... Jamais de la vie ! Oh ! mais non !... Ce serait d'une indiscrétion !... Vous n'y pensez pas !

Et beaucoup de phrases de ce genre, minaudées avec une coquetterie qui les démentait à mesure.

— Eh bien, oui, jusqu'à ce soir, finit-elle par dire.

— D'abord, jusqu'à demain matin, implora le poète, et ensuite jusqu'à toujours, si vous voulez, ajouta-t-il galamment...

C'était le matin. La journée s'écoula en promenades langoureuses, en escarmouches charmantes.

— Hum ! pensait la jolie Russe, voilà une hospitalité qui pourrait bien me coûter cher... – cher pour mon mari, bien entendu, car pour moi... je ne lui montrerai pas la carte à payer, voilà tout... Et puis, un poète, ce n'est pas un homme, c'est une incarnation de Dieu... Et puis, en voyage !... et puis, à la campagne !...

Que d'excuses, alors qu'elle n'en demandait qu'une seule, toute petite, à sa conscience qui était l'indulgence même !

Lamartine était littéralement grisé ; cette femme lui portait à la tête comme de l'aï mousseux. Une heure avant le dîner, elle s'était éclipsée pour faire un peu de toilette.

Le cordon-bleu de Saint-Point, la femme d'Aurèle le valet de chambre, avait reçu l'ordre de se distinguer. On dévalisait les parterres, et le castel se métamorphosait en un bouquet de fleurs. En attendant qu'Elle descendît, le poète, impatient et charmé, allait à l'aventure par la maison. Il passe devant l'office ; il entend causer, il s'arrête…

— Du papier Fayard, mademoiselle ? disait à la cameriste étrangère Mme Louise, l'intendante du logis, nous n'en avons pas ici, j'en suis vraiment désolée… Vous avez donc des œils de perdrix, ou quelque chose d'analogue ?

— Oh ! pas moi, madame, mais ma maîtresse ; elle souffre le martyre ; il y a des jours où elle ne peut pas se chausser… J'emporte toujours en voyage de ce papier ; mais cette fois nous sommes parties si précipitamment. Je vais être joliment grondée !

Dix minutes après, Lamartine montait à cheval, et il s'en allait…

— À Mâcon, chercher du papier Fayard ? me suis-je écrié lorsqu'on me raconta cette histoire.

— Non pas, chère lectrice, mais tout simplement à Charmé, non loin de Saint-Point, chez M. le comte de Rambuteau, où il s'invitait lui-même à dîner et à coucher.

Toutefois, il laissait à l'Ariane moscovite l'autographe suivant : "Plaignez-moi, madame, un souffrant m'appelle et je vole à lui... Ah ! Le devoir ! Je n'ai jamais mieux compris ce qu'il a parfois de cruel et d'importun. Toute la maison est à vous ; disposez d'elle comme de moi. Mes respectueux empressements, Lamartine."

Aurèle devait venir le prévenir quand l'étrangère serait partie. »

L'épisode était amusant, le pouilly-fuissé tout à fait approprié, mais malgré ses vapeurs enivrantes, je ne voyais pas Chassignet en dandy lamartinien ni Vladimir en grande dame moscovite.

— Tu as mis six mois pour découvrir que ton protégé souffrait de cors aux pieds, une infirmité insupportable pour un esthète comme toi. D'habitude tu fais moins le difficile.

— Ça n'est pas aux pieds qu'il a des cors, mais ailleurs, dans la tête... dans son esprit. Si j'étais en quête d'aspirations éthérées et moins terre à terre, je dirais qu'il a des cors à l'âme. Va, ne te gêne pas, ricane !

— Mon âme est à l'étroit dans sa vaste prison.

Il me faut un séjour qui n'ait pas d'horizon.

— Dopé au chardonnay tu te mets à parler en alexandrins ?

— Ce n'est pas moi, je suis bien trop fatigué pour prendre le luth à cette heure. Ces vers sont de Lamartine, l'as de la dérobade, ton modèle, Lamartine de pouilly-fuissé, de l'affaire est dans le lac, Lamartine l'écho de nos sentiments les plus intimes, la mélodie de notre pensée…

Des cors à l'âme ! Un diagnostic énigmatique. Je voulais quelques explications mais n'ai rien obtenu de plus.

7

Au cours des mois qui suivirent, Chassignet n'a plus évoqué Vladimir. Réincarnation chimérique d'un fantôme, objet de désillusion, le nouveau Volodia ne fut qu'une apparition éphémère, une image captieuse rapidement effacée. Au bout d'une semaine, l'intermède Volodia était oublié. Chassignet ne se complaisait pas dans les regrets. Pour tempérer l'amertume des déceptions, il n'a jamais été à court d'expédients. Les joyeux gaillards, les complices habituels de ses loisirs et de ses extravagances, ont rappliqué au trot, au grand soulagement de Mireille. Lassée de la présence de l'envahisseur cosaque, la nounou n'avait que trop attendu la levée du siège. Aussi a-t-elle fêté le retour des francs lurons avec les honneurs et témoignages de reconnaissance dus aux libérateurs du territoire. « Ces petits gars sont des anges », a-t-elle déclaré lors des retrouvailles. Mireille angélisait volontiers et sa vision des anges n'était pas celle de Fra Angelico. Ses anges étaient conformes au canon de Michel-Ange, des malabars sans ailes et sans vêture comme ceux qu'on peut mater au plafond de la chapelle Sixtine.

Comme chaque année, dès les premiers frimas, Chassignet a regagné ses quartiers d'hiver en Haute-Égypte. À son retour, à la mi-mars, il a trouvé un colis enveloppé avec soin. C'était la thèse de Vladimir, un exemplaire luxueusement relié en maroquin noir par un célèbre relieur parisien, avec un décor de têtes de mort et de larmes frappées en argent sur les plats et le dos de la reliure. La garde portait une dédicace à l'encre rouge, calligraphiée en caractères italiques imitant la typographie de la Renaissance : « Pour le très aymé Sieur Claude Chassignet, bibliophile munificent (autant dire oiseau rare), en témoignage de reconnaissance pour son hospitalité princière, pour sa patience et pour sa cave, affectueusement, Volodia. »

Le nom de Chassignet apparaissait aussi à la fin du volume, sur la traditionnelle page de remerciements adressés au directeur de thèse, aux professeurs, aux amis : « M. Claude Chassignet qui a mis sa riche bibliothèque à ma disposition. Grâce à sa générosité, j'ai eu le privilège de lire Sponde, Martial de Brives, Chassignet, D'Aubigné et alii dans les éditions originales. »

Chassignet m'a présenté l'objet d'un air triomphant.

— Regarde ça ! Je suis fier de lui.

— Superbe reliure ! J'ai vu ce genre de décor macabre sur des reliures de deuil de la bibliothèque de Henri III.

— J'en possède une que j'avais montrée à Volodia. Il s'en est sans doute souvenu lorsqu'il a demandé au relieur Devauchelle de faire ce pastiche.

— Et la thèse ? *Des eaux du Styx à la Lumière Éternelle. Le spectacle et les paysages de la mort chez les poètes des XVIe et XVIIe siècles*. L'essai est-il réussi ?

— Au-delà de mes espérances ! Je suis persuadé que le jury aura applaudi et lui aura offert la couronne de lauriers *summa cum laude*.

— Tu avais donc placé tes espérances dans le chef-d'œuvre du petit Cosaque ? Est-ce que tu as collaboré à la rédaction en souvenir des diplômes de ta jeunesse ?

— Quels diplômes ? Je suis un grand diplômé de l'école buissonnière. Relaxé du collège où mon vieux m'avait enfermé, je me suis engagé à la Légion au lieu de m'inscrire à la Sorbonne. J'étais trop remuant. Je ne suis pour rien dans le travail de Volodia. Je l'ai lancé sur quelques pistes bibliographiques et lui ai fait découvrir deux ou trois stances dans des recueils peu connus, mais rien de plus. J'aurais aimé le remercier pour son présent, mais j'ignore où il crèche. Il ne m'a pas laissé d'adresse.

L'emballement de Chassignet était touchant et attendrissant de naïveté. J'étais tenté de le charrier et de lui demander si les cors à l'âme s'étaient estompés dans l'érudition, mais je me suis retenu. Il ne faut pas lever les voiles d'un mystère. J'ignorais tout de Vladimir et n'avais jamais eu la tentation de le cuisiner lors de mes visites à La Celle. Spectateur involontaire du phénomène, je l'observais avec une curiosité trop distraite pour le déchiffrer. Ses dispositions chorégraphiques m'avaient ébloui, j'avais moins apprécié l'intarissable babillard, mais son Parnasse funèbre m'a enthousiasmé. Mieux qu'une simple thèse universitaire, c'était un prodigieux essai historique, philosophique et esthétique sur la mort mise en scène par les poètes baroques, un théâtre convulsif d'horreurs et de délices, avec des interprétations et des arguments insoupçonnés, des digressions bizarres, un fantasque édifice d'hypothèses échafaudé par un esprit illuminé, un traité halluciné très peu académique.

Quelques mois plus tard, lors d'un séjour à Paris, j'ai découvert fortuitement une nouvelle facette du bonhomme. Je dînais chez un de mes vieux amis, un mythographe hétérodoxe spécialiste du Proche-Orient, grand amateur d'humour noir, de nonsense, de proverbes absurdes et de sublimes bêtises. Dans sa jeunesse, il avait barboté dans le surréalisme et la pataphysique. Libertin de qualité façon XVIIIe siècle et grand séducteur, il avait exploré un royaume de Tendre beaucoup plus étendu que celui imaginé par Mlle de Scudéry. Depuis quelque temps, il s'était entiché de littérature persane, avait adapté plusieurs pièces de théâtre et traduit divers recueils de vers des anciens poètes persans. Ayant accompli ces exercices avec une ferveur quasi mystique, il estimait que le Tout-Puissant et Très Miséricordieux devait lui accorder une récompense. Sa prière fut exaucée. Il s'est invité chez moi, flanqué d'une jeune et fougueuse almée qu'il m'a présentée comme le « cadeau d'Allah ». Pendant trois jours, ils ont fait ce qu'il fallait pour enrichir de quelques chapitres les annales galantes de mon ermitage. J'ai pu contempler à loisir la souple bayadère et me suis dit qu'Allah n'avait pas usurpé son titre de Très Généreux.

Ce soir-là, une dizaine d'amis de mon larron d'honneur étaient du dîner, des écrivains, un acteur, deux comédiennes, un journaliste mondain, un réalisateur allemand et une belle jeune femme que je ne connaissais pas. Le maître de maison se la jouait pacha et la gracieuse inconnue entrait dans son jeu en interprétant la favorite, un numéro assez croquignolet. J'ai complimenté l'ami pacha et la nouvelle recrue de l'impérial harem pour leur impromptu comique. Le pacha m'a présenté la jeune femme, une étudiante iranienne qui partageait son temps entre Téhéran et la Sorbonne.

— Un nouveau cadeau d'Allah ? lui ai-je glissé dans l'oreille.

— Oui, et ce n'est pas un pourboire, mais une gratification royale, un cadeau divin. Cette jeune personne est une authentique princesse !

Le dîner était iranien et princier. La cave du pacha est une œnothèque bordelaise merveilleusement assortie. Le pacha est munificent et nous avons abusé. Les convives avaient fait leur plein et la conversation d'après-dîner a très vite dévié vers le bizarre. Le réalisateur allemand préparait un film sur les pratiques sexuelles étranges, les rites pervers, les excentricités érotiques. Il avait enquêté chez les professionnelles de Hambourg avant de se rendre à Paris pour cuisiner les abbesses et les frangines de Pigalle et de la rue Saint-Denis. Le pacha a mis la question au concours. Chaque invité devait rapporter une histoire, un souvenir personnel, à la manière des *Contes de la bécasse* de

Maupassant. Ces témoignages spontanés aideraient le cinéaste bavarois à corser son scénario. L'exercice était scabreux et d'une portée limitée. La plupart des anecdotes de ceux qui se sont prêtés au jeu n'étaient que des histoires cochonnes sans originalité. Par déférence pour son illustre provenance, personne n'a demandé à la princesse de bailler une belle et bonne fable orientale. Mais elle a voulu apporter son écot et ce qu'elle a raconté était tellement ahurissant et cocasse qu'on a cru que c'étaient des craques. Un universitaire français, un esthète déliquescent adepte de l'amour vache qui séjournait à Téhéran, avait imaginé un stratagème ingénieux pour mériter et obtenir des châtiments corporels non frelatés. Il s'était renseigné sur le code pénal des mollahs et connaissait les tarifs des infractions. La mollarchie iranienne est fouettarde, du moins pour les délits mineurs. Pour encourir la lapidation il faut commettre des péchés mortels. La flagellation suffisait largement au bonheur de la victime volontaire. Ses débuts furent modestes, vingt coups de fouet, une cajolerie ! Mis en appétit, il est rapidement passé aux fautes plus graves, des délits récompensés par cent et deux cents coups. L'anecdote a interloqué toute la tablée, mais après ce moment de perplexité, tout le monde a trouvé l'histoire franchement désopilante. Le cinéaste riait de bon cœur, mais il déclara ne pas pouvoir s'en servir, le masochisme homosexuel ne figurant pas dans la liste des divertissements qu'il voulait illustrer. La princesse semblait désolée par l'hilarité générale qu'elle avait déclenchée. Le maître de maison a aussitôt arrêté le jeu pour couper court aux commentaires et interprétations. Le bagage du pacha est encyclopédique. Ferré en tout comme Pic de La Mirandole, il est capable d'improviser sur toutes sortes de sujets. Il a tenté une diversion avec les trous noirs et autres théories astrophysiques. Jugeant que la récréation était finie, les invités ont pris congé. Comme d'habitude, je me suis attardé et comme à chaque fois, j'ai passé la nuit sous le toit de mon vieil ami. Son intrigue avec la jeune Persane datait de plus d'un an. L'adroite princesse avait réussi à capturer le vieux lovelace qui sans doute n'attendait plus que cela, car il faut bien faire une fin un jour ou l'autre. Son cas m'a semblé clair et, le voyant aussi épanoui, j'étais heureux pour lui, pour elle également qui m'avait aussitôt adopté comme un intime. Avec une grâce charmeuse et sur un ton badin, elle a essayé de me soutirer des confidences touchant aux anciennes aventures du bonhomme, un terrain glissant. J'ai éludé par l'esquive en revenant sur l'histoire du flagellant. J'étais persuadé qu'elle avait inventé ce personnage pour ne pas demeurer en reste avec les autres narrateurs du petit concile. Elle a juré que l'histoire était véridique et qu'elle connaissait le héros. Un sien cousin – tous les Iraniens expatriés sont cousins, dit-elle –, ce cousin-là fréquentant comme elle la Sorbonne, s'était amouraché de lui. J'aime beaucoup mon cousin Pedram, nos familles étaient très liées. Adolescents, on se racontait tout. Je connaissais ses penchants. À Paris il peut vivre à sa guise, aussi je n'ai pas été surprise lorsqu'il m'a présenté l'objet de son affection. L'élu était un jeune homme séduisant, très cultivé, mais bizarre. Il ressemblait à un prince de miniature indienne ou persane. J'ai cru qu'il était iranien ou afghan, mais il est français avec des origines russes, Russie asiatique sans doute. Pedram était toujours accompagné par son Vladimir. Il semblait très amoureux mais je crois que l'affection n'était guère partagée. Vladimir était surtout préoccupé de lui-même. Pedram l'appelait le Narcisse noir. La noirceur du personnage devenant de plus en plus flagrante, mon cousin décida de prendre ses distances. Avant de rompre définitivement, Pedram a accepté d'accompagner Vladimir à Téhéran.

Le pacha, qui connaissait Pedram et toute la famille de l'adroite princesse, était trop fatigué pour se farcir une histoire dont il savait tous les détails. Resté seul avec Shéhérazade, je l'ai invitée à poursuivre son récit, en me gardant de lui révéler que je connaissais le héros du conte.

C'est au cours de ce séjour en Iran que Vladimir s'était adonné aux voluptés des supplices. Pedram était effaré mais, ses sentiments pour Vladimir étant révolus, il suivait tout cela avec plus de curiosité que d'inquiétude. Vladimir a prétendu que sa véritable personnalité lui avait été révélée par le chapitre 80 des *Sept Piliers de la sagesse*, quand Lawrence décrit, avec une crispante précision, les violences qui lui furent infligées à Deraa par le Bey de la garnison turque.

« Il a des cors à l'âme », avait dit Chassignet sans commenter la formule. Depuis, il avait disculpé Volodia. L'auteur d'une brillante thèse avait éclipsé le petit Cosaque dépravé et Chassignet s'était forgé une nouvelle image. Pour ne pas l'écorner, j'ai passé sous silence les révélations de la princesse.

8

Chassignet a retrouvé Volodia par hasard, après sept années sans signe de vie. À l'époque, l'ours du Morvan coulait ses hivers en Haute-Égypte, une lubie devenue tradition. En quittant Assouan, il faisait toujours une escale de quelques jours au Caire avant de regagner la France. Il dînait habituellement au restaurant Estoril, un établissement tenu à l'époque par une matrone autoritaire, une Égyptienne francophile et francophone qui s'exprimait dans un français littéraire, avec une affectation datant d'une autre époque. Lors de sa première descente à l'Estoril, Chassignet l'avait prise pour une Française. « Ne vous excusez pas, cher monsieur, votre méprise est fort pardonnable et je la prends pour un compliment. Je suis égyptienne, mais j'ai été élevée en français. Dans ma famille on s'exprimait en français, on ne parlait arabe qu'avec les domestiques. » Chassignet allait riposter et se lancer dans une défense et illustration de la langue arabe mais, déconcerté par le ton péremptoire de la dame, il n'a fait aucun commentaire. La table était excellente et la taulière excitait sa curiosité. Forte, légèrement duvetée et hommasse, elle régentait le personnel avec des manières soldatesques très déplaisantes et réservait les manières affables et raffinées pour ses clients. Chassignet avait fini de dîner. Avant de regagner le Marriott, il voulait fumer un narghileh et boire un thé dans un café populaire, ce qu'il faisait habituellement sur la corniche d'Assouan. La patronne s'est pointée à sa table pour lui dire que le dîner était offert par la maison, qu'il en était ainsi pour tous les Français qui venaient pour la première fois chez elle, un cadeau de bienvenue en quelque sorte.

— Nous parlons la même langue, cher monsieur, nous sommes par conséquent compatriotes. Êtes-vous attendu quelque part ?

— Non madame, avant de rentrer à mon hôtel je voulais fumer un narghileh dans un café, une habitude prise à Assouan.

— Une habitude déplorable dont vous devriez vous défaire. Je vous offre un cigare et un cognac, un régime qui correspond mieux à votre type de beauté et à votre nationalité. Je ne vous conseille pas de refuser.

Chassignet a cédé, par lassitude sans doute, car d'ordinaire son tempérament est rétif aux injonctions, surtout à celles proférées par une femme. Il aime les femmes féminines et se plaît dans la compagnie d'hommes virils, des idées très conventionnelles sur les prérogatives des genres qui lui ont valu des sarcasmes. Mais l'ours a le cuir épais. Il se fiche complètement de l'opinion de ses contemporains et persiste dans ses préférences. Chassignet est un misogyne bien tempéré mais il déteste les viragos, des créatures sans sexe qui, selon lui, tiennent du grenadier et de la jument. Sans aller jusqu'à la caricature, l'échantillon qui se tenait devant lui en était un exemple spectaculaire. La dragonne s'est assise en face de lui pour « une aimable conversation d'après-dîner ». Chassignet s'attendait à subir un interrogatoire en règle, mais l'hôtesse ne lui a posé aucune question. Sur le ton de la confidence, d'une voix métallique légèrement éraillée rappelant le timbre d'un vieux phonographe, elle a fait comprendre à son invité que la maison n'était pas une adresse ordinaire pour habitués et clients de passage. Son restaurant-bar était un salon littéraire où fréquentaient de nombreux écrivains, professeurs, critiques littéraires, artistes, savants et journalistes.

Le dernier service était expédié depuis longtemps, Chassignet avait asséché le flacon de cognac, mais la Geoffrin cairote n'en finissait pas d'énumérer la liste des célébrités de son « salon » et de débiter des potins.

Le lendemain, Chassignet s'est réveillé avec un casque de fer carabiné. Dès la première gorgée de cognac, il avait flairé la contrefaçon, une fourberie sans étiquette servie dans un flacon de cristal taillé à bouchon doré. Bien que soulagé par deux cachets non frelatés, il a gardé le lit toute la journée en ruminant le déboire du couillonné : le prétendu salon littéraire était un saloon et la Geoffrin, un avatar de Calamity Jane. Le souvenir de l'épisode ne l'a nullement empêché de repiquer, car la table lui convenait et la patronne était toujours attentionnée. Au cours de ses séjours au Caire, il dînait toujours à l'Estoril, mais sans cognac ni cigare. À l'usage, la virago se révéla bonne fée, une vraie nounou, inquiète et affectueuse, qui bichonnait l'insupportable vieux gamin à coups de tisanes et de décoctions parfumées. C'est à l'Estoril qu'il croisa enfin Volodia, un soir où il réalisa aussi que cette cantine était incontestablement le rendez-vous des écrivains. Il venait de se poser à sa table préférée lorsqu'il reconnut Naguib Mahfouz assis à l'autre bout de la salle en face d'un homme plus jeune, sans doute un confrère ou un critique. Depuis qu'il s'était entiché de l'Égypte, Chassignet avait dévoré *La Trilogie du Caire*. La patronne a proposé de le présenter à l'auteur de l'*Impasse des deux palais*, un habitué, toujours ravi de rencontrer des admirateurs étrangers. Chassignet a refusé, arguant de sa timidité, de son peu de goût pour les mondanités et surtout de l'idée que seule l'œuvre d'un écrivain était probante, que les papotages avec l'auteur étaient superflus et stériles.

— Et puis, monsieur Mahfouz n'est pas seul, le déranger alors qu'il est accompagné serait indiscret.

— Ne vous en faites pas, il n'y a aucune indiscrétion. Il dîne avec Vladimir, un Français comme vous. Ici, c'est un salon littéraire et mon devoir est de faciliter les rencontres. Je suis persuadée que notre Vladimir sera enchanté de faire la connaissance d'un compatriote.

— Votre Vladimir ? Qui est-ce ? Un de vos amis ?

— Tous les fidèles de l'Estoril sont mes amis, mais Vladimir occupe une place particulière dans mon cénacle. C'est un homme instruit, très intelligent et très sensible. Il vit au Caire depuis cinq ou six ans, parle l'arabe littéraire aussi bien que la langue de la rue.

— Et que fait-il au Caire ?

— Il enseigne le français au lycée Balzac, donne des conférences, rédige des chroniques pour le journal *Al-Ahram* et pour *Le Progrès égyptien*. Je crois qu'il est aussi correspondant pour des magazines de France. C'est un garçon très entreprenant qui a ses entrées partout dans les milieux intellectuels et artistiques d'Égypte. C'est aussi un original, un excentrique qui aime choquer et provoquer. En un mot, c'est un personnage, un personnage qui séduit ou irrite et qui s'amuse beaucoup de l'effet qu'il produit. Je serais curieuse de voir le numéro qu'il vous fera.

— Un autre jour peut-être. Ce soir, je dois vous quitter. Je vais vous laisser un petit message que vous glisserez à votre Vladimir après mon départ.

Le message était bref : « Suis au Marriott pour deux jours encore. Si tu as le temps, fais-moi signe, Chassignet. »

9

Le Vladimir qui s'est pointé au Marriott ne ressemblait plus au souple cascadeur que Chassignet avait hébergé. Raide et livide, comme exténué, maigre et le visage encore amaigri par une barbe de plusieurs jours, des cernes violâtres autour des yeux, il n'était plus que le spectre du fringant acrobate féru de poésie baroque. Chassignet découvrait un inconnu. Déconcerté par l'affligeante métamorphose, il n'a pas su rétablir un contact rompu depuis plus de sept ans. Les retrouvailles se sont déroulées de la manière la plus banale et la plus empruntée. Par pudeur et aussi par prudence, Chassignet répugnait à sonder les abîmes réputés insondables. Pour échapper à un tête-à-tête embarrassant, il a proposé de se rendre au souk pour fumer un narghileh au café Fishaoui. Après ce détour, Vladimir a invité Chassignet pour un thé dans l'appartement qu'il occupait dans le quartier Zamalek, l'appartement de la chanteuse Layla Mourad qui venait de mourir et que le locataire n'avait pas connue. Le logis était encombré de bibelots et de photographies de la défunte, un capharnaüm lugubre et suranné exhalant une odeur de naphtaline, de vieux flacons de pharmacie et de linge douteux. Une demi-douzaine d'adolescents assez louches complétaient l'étrange bric-à-brac. Vladimir commandait cette petite volée en arabe très peu littéraire, à la manière Dourakine, un numéro loufoque et navrant. Chassignet lui a demandé qui étaient ces mystérieux godelureaux. Ils étaient ses « élèves » et vivaient tous là, certains par intermittence, d'autres à plein temps.

Un curieux juvénat pas très catholique et très peu coranique, car l'endroit était envahi de bouteilles de bière Stella et d'alcools européens. Chassignet s'est dit que les bouteilles étaient certainement la principale cause de la déchéance physique du pauvre Volodia. Le Morvandiau n'a jamais apprécié les bons apôtres, les Samaritains moralistes et les sectateurs de la tempérance. Après avoir vidé quelques gobelets de thé de houblon, il a tiré sa révérence en se disant enchanté par cette revoyure et heureux de trouver Volodia en si bonne compagnie.

De retour dans sa chambre d'hôtel, il a été pris d'un violent accès de mélancolie. Il a fait savoir à la réception qu'il ne répondrait à aucun appel, que la standardiste devait dire qu'il avait quitté l'hôtel. Pour dissiper les papillons noirs, il a mis le cap sur le bar de l'hôtel en sifflotant à part soi l'air de « T'en fais pas Bouboule », le revigorant fox-trot d'Albert Willemetz. Par expérience, il savait que le spleen le plus aigre était soluble dans le dry martini. Il pressentait aussi qu'il ne reverrait jamais Volodia.

10

L'amie genevoise avait regagné le quai de son lac et j'avais liquidé la dernière part de sa tarte aux noix, une friandise un rien bourrative, surtout lorsqu'elle est escortée, comme ce fut le cas, par un vieux quarts-de-chaume. Au bout d'une semaine de roestis au lard, de boulettes de semoule en sauce et autres spécialités helvétiques, j'étais rétamé. Au lieu d'avaler du charbon de Belloc, j'ai décidé de me médicamenter chez Mimi Larroque, la bonne fée un brin sorcière qui m'avait souvent retapé. Les vieilles paysannes du Morvan sont bonnes guérisseuses, surtout quand elles vous soignent à coups de ratafia plutôt qu'avec des tisanes. Mireille était championne du ratafia. Cette petite cure de désintoxication était un bon prétexte pour vérifier si Chassignet allait mieux. J'ai constaté aussitôt qu'il avait abrégé le deuil de Volodia. Je l'ai trouvé dans la grange, affairé avec un de ses lycaons à bichonner un engin agricole d'un autre âge, un motoculteur bleu azur très complexe qu'il venait d'acquérir pour un petit prix dans une vente judiciaire. Fier de son chopin, il m'a expliqué que c'était un Staub PP4, un engin plus vieux que lui, en aussi bon état que lui, et que cette marque était la Rolls des motoculteurs, du moins pour les vrais connaisseurs. Le lascar en salopette a confirmé l'exactitude du verdict.

Comme toujours, nous nous sommes retrouvés dans la bibliothèque. Mireille m'a servi un triple godet de ratafia.

— T'as vu le nouveau jouet du gamin ?

— De toute beauté ! Les incunables de ta bibliothèque ne te suffisent plus, il te faut aussi des motoculteurs incunables ?

— Parfaitement ! J'ai décidé de m'incunabiliser le plus possible.

Je lui ai demandé de répéter cela en faisant la danse de l'ours, une astuce pour contrôler la vitalité du bonhomme. Chassignet se prête volontiers à cet exercice, mais uniquement s'il est en forme. J'étais rassuré. L'ours a passé le test avec brio.

Le rinçage au ratafia avait rebouté mes viscères. Cette guérison miraculeuse m'a convaincu d'accepter l'invitation à dîner, une dînette improvisée, diététique en diable, cassolettes d'escargots au chablis, beignets de cervelle d'agneau, sanciaux rissolés au saindoux et surprise glacée aux marrons. « Quand la machine est réparée, mon grand, il faut la faire tourner, sinon elle va rouiller. » L'école de Salerne version Larroque ! Après le couvert, on m'a encore offert le gîte, avec un vieux corton en guise de digestif.

Chassignet voulait s'expliquer au sujet de Volodia et de l'accablement moral dont il fut en proie en apprenant sa mort. J'ai tenté de l'en dissuader en alléguant qu'il faut éviter de parler de ses morts, car c'est un motif précieux de pleurer sur soi-même lorsqu'on a atteint un certain âge, mais Chassignet tenait mordicus à m'infliger ce déballage. Il se croyait coupable et ce sentiment de culpabilité lui rongeait le cœur. Il ne se pardonnait pas d'avoir déguerpi lâchement lors des retrouvailles au Caire. En souvenir de l'affection qu'il avait portée au jeune Volodia, il aurait pu témoigner de la sympathie et de la compassion à l'homme flétri et déliquescent de Zamalek. Je lui ai conseillé de couper là et de tourner la page pour de bon, car tout ce qu'il aurait pu ou dû faire n'aurait servi à rien. Vladimir était maître de son sort. Il n'a pu échapper au destin impitoyable dont il fut le seul responsable. Son goût pour le macabre, y compris dans ses recherches universitaires, témoignait certainement d'un masochisme essentiel et trahissait peut-être une inconsciente cruauté. Pour illustrer mon jugement, j'ai rapporté à Chassignet l'épisode iranien. Il a trouvé tout cela de très mauvais goût. Dûment requinqué par le corton d'Aloxe, il s'est dressé tout à coup pour déclamer avec l'accent du père Ubu : « Ah vraiment, ce Volodia, un sacré démolissage d'existence ! »

Troisième journée

La Vengeance de Suzie Mangold

à Jordan Plays

L'admiration qui n'est pas austère est la plus cruelle des insultes.

Ernest HELLO

Participer aux salons du livre, quoi qu'en puissent penser les décathloniens, les patineurs et les tireurs aux pigeons, relève un peu de la compétition sportive. Ce type d'amusement collectif n'a guère de précédent dans l'histoire de la littérature. Foires aux vanités typiquement modernes, ces manifestations servent pour la plupart d'alibis culturels dans les calendriers des municipalités de province, entre les courses cyclistes, les journées gastronomiques, les festivals folkloriques, les marchés de Noël et les comices agricoles. Comme toutes les kermesses, les journées du livre prospèrent en tous lieux et illustrent, mieux que de nombreuses dissertations, une des faces de l'ennui et du mercantilisme contemporains. À l'occasion des parutions de mes premiers romans, j'ai souvent sacrifié à ce rite, car mon éditeur de l'époque m'exhortait à « faire gentiment mon devoir ».

On se farcit toutes les gracieusetés d'usage, la fanfare municipale à la descente du train spécial, la piquette d'honneur, les allocutions de bienvenue des députés, bourgmestres et autres huiles locales, les laïus interminables des conseillers culturels, la litanie de remerciements aux sponsors de la chose, le baratin de l'écrivain promu président du salon, les buffets de produits régionaux, les dîners de gala suivis de soirées patronage avec les groupes folkloriques, l'inévitable conteuse déguisée en Petite Fadette, le récital du ténor local ou du jeune prodige du conservatoire de la ville, les concours de dictée pour les collégiens, les prix littéraires décernés par la presse régionale, les visites au galop des sites et monuments remarquables de la région, les tables rondes présidées par les journalistes locaux, les confiseries, liqueurs et autres gâteries du terroir déposées en panier cadeau dans votre chambre d'hôtel, la jovialité obligatoire des malheureux bénévoles, jeunes filles et jeunes gens pour la plupart étudiants, chargés de vous guider, de vous assister, de vous distraire. Vous éviterez peut-être le feu d'artifice mais vous ne couperez pas à la romantique balade en calèche ou à la plus romantique encore mini-croisière coucher de soleil sur le lac ou le fleuve, des réjouissances plus ou moins somptueuses selon la prospérité de la ville.

Mais, récréations que tout cela ! Le point de mire de ce cirque, l'arène où se jouent les activités sérieuses, c'est le champ de foire des stakhanovistes de la dédicace. Dans cette grotesque braderie, les gloires littéraires confirmées, les célébrités de l'audiovisuel, de la politique, du sport et du crime, et parfois quelques perruques académiques, côtoient, avec plus ou moins de bonheur, le blé en herbe, les grandes espérances pas encore déçues, les auteurs d'un premier livre, les discrets poètes, les scribomanes de sociétés d'émulation, les illustrateurs de livres d'enfants et le rituel calligraphe de service. Mal à l'aise au milieu de la foule et peu doué pour improviser des dédicaces à des inconnus, je tirais la plupart du temps une gueule de six pieds de long, le truc parfait pour décourager le chaland dominical. À quelle grille de loto répondent les attributions de places des participants ? Combinaisons des organisateurs, caprices des attachées de presse, tirage au sort ? Lors de mes débuts j'ai rarement tiré le bon numéro. Ainsi, lors d'un salon du livre dans le bocage vendéen, ai-je été coincé entre deux huiles lourdes condamnées pour abus de biens sociaux et pour corruption dans deux affaires politico-financières fameuses. Les deux avaient séjourné en taule et tartiné un bouquin après leur élargissement. Ailleurs, j'ai voisiné avec un humoriste belge fameux et très vermoulu, un coureur cycliste obsolète, une présentatrice télé confite en vétusté, un jeune patineur célèbre pour ses chutes, un marchand de philosophie qui depuis des années fait sa publicité dans les débats de la radio et du petit écran, et aussi quelques bibelots de vitrine et saxes de boudoirs ravis d'être exhibés sous les yeux d'un public submergé de nostalgie et de gratitude. Des jeunes lectrices, et des fans moins jeunes qui avaient grandi avec les héroïnes de ces reines de sagas à l'eau de rose, défilaient devant les étals garnis de piles de rééditions pour témoigner leur affection, leur fidélité et leur reconnaissance. La ferveur avec laquelle ces lectrices accomplissaient leurs dévotions faisait penser à quelque cérémonie rituelle réservée aux seuls initiés, aux heureuses élues, un spectacle cocasse, risible et prodigieusement émouvant. Parfois, favorisé par un sort plus heureux, j'ai été placé près de plusieurs écrivains dont j'aimais les livres ou d'autres que je n'avais pas lus avant de les rencontrer. Ces rapprochements aléatoires, ces coudoiements éphémères m'ont inspiré quelques sympathies spontanées et plusieurs amitiés durables. J'ai participé à de nombreux salons au tournant du siècle pour m'acquitter d'une obligation envers mon éditeur, mais aussi, et plus que tout, pour ces occasions de rencontres ou de retrouvailles. Avec mes souvenirs de ces rendez-vous, avec la relation détaillée des aventures plus ou moins glorieuses et souvent très arrosées vécues en marge des foires et des salons de Saumur, Montmorillon, Jaligny-sur-Besbre, Metz, Nancy, Saint-Malo, Longwy, Dijon, Besançon ou Montaigu, avec les épisodes curieux, cocasses, affligeants, scandaleux que j'ai essuyés lors de ces bamboulas départementales, je pourrais confectionner un recueil d'anecdotes et de potins joliment trapu. La chronique indiscrète, très prisée jadis, étant un genre littéraire dans lequel il vaut mieux ne plus se risquer aujourd'hui, vous resterez sur votre faim. Alors, pourquoi tout ce baratin sur les foires et salons ? Voici une anecdote qui légitimera peut-être ce méchant prélude. Je la tiens de Henri Schott, un écrivain disparu depuis près de vingt ans. On m'avait casé à côté de lui dans un salon en Lorraine. C'était à Metz ou à Nancy, je ne me souviens plus très bien, mais pour une fois, j'avais décroché la timbale. J'avais dévoré les romans de Henri Schott à la fin de mon adolescence. Un prof non conventionnel m'avait filé *Postillons et bêtes de songe* et *L'Affreux Rire de l'idiot*, des bouquins qui avaient ébranlé mes nerfs, mon cerveau et mes instincts. À dix-sept ans, j'étais en proie à des fureurs violentes et obscures et je me retrouvais tout à fait dans la sauvagerie et la férocité des brûlots de cet enragé. Schott avait disparu depuis pas mal d'années de la scène littéraire. Il vivait en reclus dans une propriété dissimulée en lisière de la forêt de Fontainebleau, non loin de Moret-sur-Loing, et refusait les débats télévisés, les entretiens radiophoniques, les rencontres avec les journalistes. Pour cette raison, la presse faisait l'impasse sur ses livres. Les romans du solitaire de la forêt n'intéressaient plus le grand public, mais ils étaient attendus par un petit nombre de fidèles, des amateurs inconditionnels. J'en étais. À l'époque, je n'avais commis que deux petits romans, des récits vaguement exotiques bâclés à la façon des devoirs de vacances. En découvrant le plan de ce grand bazar, j'ai cru à un canular. Quel farceur avait imaginé de placer un freluquet à côté d'un monstre sacré ? Je n'en menais pas large, étant persuadé que ce farouche voisin me montrerait mon béjaune en moins de deux. En réalité, Henri Schott fut le plus agréable, le plus délicat, le plus joyeux de tous les compagnons de corvée auxquels on m'avait abouché dans les grands souks de la bouquinaille. Il était arrivé avant moi. Quand j'ai gagné ma place, je l'ai trouvé assis, la tête entre les mains, tout absorbé dans la lecture d'un recueil de Machado. Je me suis posé très discrètement à sa droite, derrière l'étal où mes deux bouquins jouaient la parade, une parade qui tenait de l'esbroufe. Il a aussitôt levé les yeux et m'a tendu la main en me souhaitant la bienvenue. Je l'ai prié de m'excuser... c'était à moi de saluer en premier... je ne voulais pas le distraire de sa lecture...

— Taratata, mon vieux, ne te fatigue pas en politesses, fais comme si on se connaissait depuis toujours. Puisque nous allons cohabiter pendant trois jours, faisons simple. J'ai appris que tu étais lorrain comme moi et que tu avais comme moi quitté la terre natale très tôt, alors on se tutoie, on se soutient dans l'épreuve et on accueille le client en compères.

Sidéré par cet abord et sitôt enhardi, je lui ai confié que j'étais très surpris de le rencontrer dans ce genre de kermesse, étant donné sa réputation de loup solitaire.

— « Dans ma solitude j'ai tous mes amis », c'est Antonio Machado qui le dit dans un poème. Je reprends volontiers la formule pour mon compte. J'ai accepté de revenir ici parce que l'invitation m'a été adressée par une vieille connaissance, plus exactement par une ancienne élève. Dans ma jeunesse, j'ai enseigné dans un lycée de la ville. C'était en 1964 ou 65. Ma vocation de prof de lettres a fait long feu au bout de six mois. J'ai quitté le lycée et la Lorraine et j'ai écrit un roman qui a paru peu après le tohubohu de 1968. Je n'étais pas concerné du tout par les fièvres révolutionnaires de l'époque et mon roman n'avait aucune visée politique ou sociale, mais quelques critiques ont décrété que mon bouquin était un catéchisme d'insoumission, un credo rimbaldien, une profession de foi libertaire, un féroce manifeste contre la société bourgeoise et je ne sais quoi encore. Ce malentendu a fait la réputation du livre et la mienne par-dessus le marché. Un succès équivoque grâce auquel j'ai pu continuer à écrire.

— Catéchisme, manifeste, peu importe ! J'ai lu tes livres à la fin de mon adolescence. J'étais un garçon tourmenté, instable, un mythomane dépressif. Ta littérature m'a drôlement secoué, favorablement, car j'y trouvais les éclaircissements, les interprétations et même la justification de mes rages abstraites, de ma mélancolie et de mes crises de violence.

— Et nous voilà tous les deux, avec trente ans de plus au compteur, à vendre nos salades comme des marchands de quatre saisons sur le carreau des Halles, exposés devant les flâneurs du week-end comme des putains dans les vitrines d'Amsterdam.

Sur le même stand, à vingt mètres de notre poste, un gugusse hélait les promeneurs en brandissant son livre. « C'est un roman vrai ! C'est un roman vrai ! » Le type avait l'air tellement con et content de lui qu'on ne lui a pas demandé ce que ça voulait dire. Les clients ne se bousculaient pas devant notre comptoir. J'étais trop neuf et la notoriété de Schott avait perdu son éclat depuis trop longtemps. L'attelage en tandem d'un inconnu et d'un oublié n'avait aucune chance de faire florès dans les grands concours de badauds. Nous pouvions ricaner à loisir. Vers cinq heures du soir, quand les anxieux plus vertueux que moi s'imbibent d'earl grey, alors que j'hésite entre riesling et dry martini, une jeune femme s'est pointée soudainement devant moi avec un sac garni.

— J'ai beaucoup aimé votre livre, monsieur, vraiment beaucoup. Pour vous remercier, voici un gâteau aux amandes et une bouteille de vin de noix. J'ai tout fait moi-même. J'ai cru comprendre que vous étiez gourmand, j'espère que ça vous plaira.

J'ai dit que j'étais touché. Elle m'a demandé si un autre roman était en préparation et avant que j'aie pu lui répondre, elle a détalé sans s'être présentée et sans congrue dédicace. C'était une ravissante petite Agnès. Elle était blonde, mais sa bouche si petite, ses joues si rondes et son nez si plaisamment tourné lui donnaient tout le piquant d'une brunette. Henri Schott avait suivi la scène comme médusé. Il m'a demandé si je connaissais cette admiratrice, si j'avais correspondu avec elle. Je ne la connaissais pas et, malheureusement, elle ne m'avait pas demandé de dédicace.

— Par conséquent, tu ne connais même pas son prénom. Une mystérieuse inconnue, mignonne et accorte comme une hôtesse d'accueil vient jusqu'à toi, dépose des friandises en offrande à ton talent et disparaît aussi sec. Bizarre, bizarre ! Est-ce que tu vas te farcir le dîner officiel, ce soir ?

J'ai dit que je préférerais « couper » à cette corvée. Schott m'a aussitôt proposé de dîner avec lui dans une gargote qu'il avait repérée non loin de l'hôtel où les auteurs étaient logés. Nous avons levé le camp une heure avant la fermeture du salon et sommes sortis par une allée où les organisateurs avaient disposé les célébrités grand public du temps jadis, un chanteur populaire rescapé des années 60, un éternel perdant du Tour de France, un animateur de jeux radiophoniques d'après-guerre, une actrice devenue cuisinière, une émouvante parade de neiges d'antan devant lesquelles se bousculait une clientèle nostalgique. L'exhibition de ces gloires vintage était la plus affligeante attraction de cette kermesse, une sorte de vide-grenier de bibelots et d'ustensiles défraîchis qu'on retire du placard pour les solder avec le prétexte qu'ils ont tous publié un livre de souvenirs. L'ambiance bal des morts-vivants de ce secteur m'a foutu un noir bourdon. Schott semblait tout aussi chamboulé. Il arpentait l'allée d'un pas pesant, me serrant de près, en marmonnant dans sa barbe : macabre sarabande… fosse aux vanités… requiem des chimères. Une fois sorti de là, j'ai été saisi d'un frisson le long des vertèbres. J'ai secoué la tête en expirant bruyamment pour refouler mon malaise.

— Triste spectacle, n'est-ce pas ? Gloire, renommée, des ronds à la surface de l'eau tranquille. Ils apparaissent soudain, se dilatent, s'élargissent avant de s'évanouir complètement.

Je me suis demandé si Schott proférait ce poncif en pensant à son propre sort, s'il était rongé par des regrets, par un secret dépit, par un sentiment d'échec, quand tout à coup, il s'est emparé du sac contenant les cadeaux de ma belle inconnue pour le jeter dans la poubelle municipale qui se trouvait sur notre trajet.

— Fais-moi confiance et pense à me remercier. N'avale jamais ce qu'une admiratrice a spécialement confectionné pour toi dans sa cuisine.

Les tourments de Henri Schott étaient certainement plus compliqués que ce que je pouvais imaginer.

— Tu penses sans doute que je suis un peu timbré. Ne crains rien, je m'expliquerai au dîner. Avec ce que je vais te raconter, tu façonneras peut-être une nouvelle, si un jour tu cultives ce genre de littérature.

Nous devions nous retrouver au bar de l'hôtel. Schott s'est retiré dans sa chambre. Je n'ai pas voulu regagner la mienne, les chambres standard des hôtels de chaîne me dépriment le moral. J'ai foncé directement vers le bar. En fin d'après-midi, quand la lumière décline, les bars, les barmen et les barmaids possèdent des vertus attractives auxquelles les bileux résistent difficilement. L'impeccable chef du bar a flairé d'instinct à quel type d'ouaille il avait affaire. Il m'a présenté sa carte de cocktails, un répertoire drôlement raffiné pour ce genre d'hôtel et qui aurait moins surpris au Plaza de New York ou au Harry's Bar de Venise. J'ai mitonné dans ce lieu de haute méditation et de pacification mentale pendant une heure et demie, un délai suffisant pour engidouiller quatre dry martinis, dont deux offerts par le virtuose du shaker. C'était un barman à l'ancienne, cérémonieux comme ceux des palaces et des paquebots de jadis, une espèce en voie d'extinction. Quand Schott m'a rejoint, le barman a insisté pour tester sur nous une recette de son invention, le Crazy Lorraine, une très soûlative mixture de gin, curaçao et mirabelle. Schott en a redemandé en suggérant toutefois à l'artiste de réduire la dose de curaçao et de forcer sur la mirabelle. À l'époque, je raffolais des cocktails et j'en abusais tous les soirs. J'avais rassemblé une petite collection de livres de recettes publiés entre 1920 et 1960 en Europe et aux États-Unis dans lesquels je pompais allègrement lors des happy hours avec mes amis. Après quelques années de ce régime, la courbe de mes gamma-GT ayant atteint son pic, mon médecin a sonné la fin de la récréation. Avec mes recherches et travaux pratiques dans ces spiritueux domaines, j'aurais facilement décroché un diplôme de barologie. Ma science a sans doute surpris l'homme de l'art et lorsque Schott a ramené la sienne, il nous a quasiment regardés comme des collègues. Par solidarité confraternelle, il nous a déconseillé de dîner à la taverne où Schott voulait me conduire et nous a suggéré de rester dans son bar où il nous ferait servir un dîner. Nous avons accepté avec joie, les Crazy Lorraine nous ayant quelque peu mis les pompes en bascule. Nous nous sommes décidés pour des assiettes norvégiennes et avons ondoyé le gravelax, le flétan fumé et les mirifiques harengs avec de copieuses lampées d'aquavit pour moi et de vodka pour Schott. À mi-parcours de la petite excursion nordique, le barman s'est rappliqué avec une bouteille.

— Pour changer des classiques, essayez un peu ça ! Vous ne connaissez sans doute pas, ça va bien avec les poissons fumés.

C'était une eau-de-vie de cumin élixirée par un célèbre distillateur alsacien, du Crazy alsaco après le Crazy Lorraine. Égayé et à demi-assommé par cette folle cascade de gin, mirabelle, aquavit et cumin, je ne pensais plus du tout à l'incident du salon ni à l'explication que Schott me devait. Il était plus d'aplomb que moi et n'avait pas oublié. À peine avions-nous fini notre dînette que monsieur Raoul, notre obligeant barman, nous a proposé un cocktail after dinner, une autre de ses créations. Schott a voulu en connaître la composition. Il a grimacé en entendant liqueur de café, vodka, crème fraîche. Il voulait quelque chose de léger, une boisson guillerette, facile à boire. Pour nous remettre après toutes ces mixtures, monsieur Raoul a ordonnancé du Perrier-citron mais Schott a exigé un remède plus joyeux, une tisane champenoise ou bourguignonne.

— Un champagne blanc de blancs pur chardonnay vous irait ?

J'avais mon compte dans les grandes largeurs mais j'ai tout de même réussi à dégoiser que chardonnay et moi étions copains depuis longtemps, copains et compatriotes puisque je vivais en Bourgogne, la la la la lalère. Fort heureusement Henri Schott m'a coupé le sifflet, sinon je me serais ridiculisé avec un ban bourguignon.

L'effervescence allègre du chardonnay à bulles m'a ventilé la caboche. Reboutté et détendu, j'ai écouté de toutes mes oreilles le récit de l'incroyable épisode vécu par Schott vingt-cinq ans plus tôt.

Après la parution de son troisième roman, il avait été invité par un libraire d'une petite sous-préfecture de la Moselle pour une soirée de lectures, d'entretiens et de dédicaces, une première, car il avait toujours résisté à ce genre de tentation. Il avait accepté la rencontre en raison de ses racines mosellanes, pour vérifier le dicton qui prétend que nul n'est prophète en son pays. Mais les proverbes, bien que certifiés sagesse des nations, ne sont pour la plupart que résidus philosophiques à la noix, y compris ceux, comme celui-ci, tirés des Évangiles. Ce soir-là, Schott a été accueilli et applaudi, non pas comme grand ou petit prophète, mais comme l'enfant prodigue de retour au bercail. La petite librairie affichait complet. Un journaliste du *Républicain lorrain* était venu tout spécialement de Metz pour animer la soirée et interviouver le romancier. Schott, qui avait pris le large dès la fin de son adolescence et n'était jamais retourné au pays, n'en revenait pas en voyant tout ce monde. Le public se bousculait devant la table où il signait ses livres, des jeunes gens exaltés, des étudiants, beaucoup de femmes, des membres d'un club de lecture, quelques professeurs de lettres, un auteur de sagas régionalistes, un garde forestier de Zornhof qui avait bien connu ses grands-parents et une flopée de curieux qui n'avaient sans doute pas trouvé mieux pour meubler leur solitude. Dans cet assortiment de clients enthousiastes, quelques-uns sortaient du lot. Une femme vêtue de noir, le visage masqué par une voilette de tulle noir, voulait une dédicace pour un certain Thibault. Schott lui a demandé si Thibault était son mari, son fils ou son frère. En gloussant bizarrement, elle a dit que Thibault était son jeune esclave. Un casse-pieds lui a tenu la jambe sous prétexte qu'il préparait un mémoire intitulé « Violence et sensualité dans l'œuvre de Henri Schott ». Il voulait des explications et des informations biographiques. Le crampon ne lâchait pas le morceau. Excédé, Schott lui a suggéré d'aller se branler dans les toilettes de la librairie puis de rentrer chez lui et de se pendre. Les clients qui s'impatientaient ont applaudi. Parmi ceux-là, une femme d'une quarantaine d'années, une pimbêche cérémonieuse et pincée coiffée d'un haut turban de soie émeraude. Schott a demandé à qui il devait dédicacer le volume. Elle s'est penchée vers lui et, d'une voix onctueuse, légèrement plaintive, elle a chuchoté : « À moi bien sûr, à qui d'autre voudriez-vous ? Je m'appelle Suzanne. J'ai lu tous vos livres et vous savez que je vous suis fidèle depuis le premier. Vos romans ont chamboulé ma vie, une vie si bien rangée avant votre intrusion dans mon existence ! » Ne sachant comment prendre cette drôle de déclaration et subodorant un canular, Schott a prié la dame de lui pardonner : « Si j'ai, comme vous dites, chamboulé votre existence, c'est bien involontairement. Aussi ne m'en veuillez pas trop, madame. Je reconnais volontiers que mes livres, surtout les deux premiers, sont des écrits de très mauvais goût...

— Surtout ne vous excusez pas, cher Henri, je n'accuse pas vos livres, bien au contraire ! Ayant appris que vous alliez venir dans cette librairie, j'ai tenu à vous rencontrer pour vous remercier. Je vous ai apporté des petits cadeaux, un cake aux fruits confits, une liqueur de mandarine et un saucisson de sanglier. J'ai confectionné le cake et la liqueur moi-même, le salami de sanglier vient d'un cousin chasseur. »

Elle a planté le sac de friandises sous son nez et, sans attendre son reste, elle a filé vers la sortie. L'intermède a diverti ceux qui attendaient leur tour et pas mal intrigué Charles et Cécile, les maîtres de maison. Pierre, le jeune stagiaire de la librairie qui avait suivi la scène, a demandé si Schott connaissait cette admiratrice.

— Je ne la connais pas et je ne connais aucune Suzanne !

— Pourtant, elle vous a appelé Henri et je l'ai entendue qui disait qu'elle vous était fidèle depuis votre premier roman.

— Fidélité purement littéraire ! Tous les écrivains peuvent se flatter d'avoir de fidèles lecteurs et lectrices. Publier un livre, c'est un peu comme se foutre à poil. Le roman, plus que les autres genres, est un déballage qui suscite chez le lecteur des sentiments et des réactions d'aversion ou de connivence. Sa fidélité est relative et variable. Une telle achète tous vos livres parce qu'elle les aime et s'y retrouve, tel autre continue de vous lire pour confirmer son aversion. Je considère la fidélité dans la détestation comme une qualité spirituelle. La réprobation, lorsqu'elle est constante et indéfectible, est un gage de qualité accordé à une œuvre. Les compliments ne sont pas toujours exempts d'hypocrisie, de flagornerie et de je ne sais quelles arrière-pensées louches, alors que la détestation est toujours sincère, franche… j'allais dire cordiale…

Charles et Cécile avaient réservé une table dans une auberge forestière des environs. Schott voulait inviter le stagiaire à se joindre à eux, mais le jeune homme était attendu ailleurs. Il devait ranger et fermer la boutique. Schott lui a offert le sac de friandises de la mystérieuse Suzanne en guise de remerciement.

Le boniment sur la fidélité dans l'aversion a beaucoup diverti Cécile. Pendant le dîner, elle a taquiné Schott à ce propos et lui a demandé quels lecteurs, des admirateurs ou des dénigreurs, le bottaient vraiment. Entre la poire et le fromage, Schott a parlé du courrier qu'il recevait lors de la sortie de ses livres. Pour les deux premiers, il avait essuyé autant d'insultes que de compliments. Les lettres des admirateurs, y compris celles de fans déclarés, n'étaient bien souvent que des enfilades de banalités. Les bafouilles hostiles étaient beaucoup plus rafraîchissantes et souvent plus inspirées. Les propos de Schott ne faisaient guère impression sur Charles. Depuis des années, celui-ci invitait dans sa librairie un assortiment très disparate d'écrivains. Il était blasé, s'en voulait presque d'imposer les hâbleries des romanciers aux lecteurs et plaignait tout autant les écrivains qui acceptaient de plastronner pour la galerie. Les écrivains expriment ce qu'ils ont à dire dans leurs livres et basta ! Les autres exercices sont des garnitures superflues, des dévotions mondaines, des manœuvres publicitaires ! Voilà ce que pensait Charles après des années de pratique, mais comme il appréciait sincèrement les romans de l'invité du jour, il ne voulait pas se montrer indifférent. Il l'a complimenté pour l'art narquois avec lequel il proférait des paradoxes. Schott allait répondre quand la patronne de l'auberge a appelé Charles. On le demandait au téléphone. C'était la petite amie du stagiaire qui appelait de la librairie. Ils venaient de terminer le rangement et le nettoyage de la boutique. Pierre était gourmand et le nanan de la mystérieuse Suzanne était bien trop alléchant pour ce grignoteur compulsif. Il avait avalé un morceau de cake et bu au goulot une gorgée de liqueur de mandarine. Ils allaient fermer le magasin lorsque Pierre s'est soudain senti très mal. Il s'est plaint de douleurs au ventre et comme il tournait de l'œil, la petite a appelé les secours. L'ambulance avait immédiatement embarqué le garçon pour le conduire à l'hôpital. Pierre a été sauvé d'extrême justesse. Empoisonnement à la strychnine. Suzanne avait concocté un délicat et subtil bouillon de onze heures pour le romancier auquel « elle était fidèle depuis son premier livre ».

— Quand cette femme t'a offert son gâteau et son élixir, je t'ai soudain perçu comme mon double, comme cet étranger de la nuit de décembre « qui me ressemblait comme un frère ». Tu comprends mon réflexe ?

— Comment ça s'est terminé ?

— Je suis resté quelques jours dans le coin pour me rassurer au sujet de Pierre. Dès qu'il a quitté l'hôpital, je suis reparti. Les libraires voulaient que je porte plainte, ce que je n'ai pas fait. Charles a informé les gendarmes qui n'ont pas jugé utile de donner suite. Le cake et la liqueur étaient bel et bien empoisonnés, mais le capitaine pandore a trouvé l'histoire trop loufoque. Le signalement de ma Brinvilliers était imprécis et, après tout, « il n'y avait pas mort d'homme ».

— Ce gouliafre de stagiaire t'a sauvé la peau, mais ton histoire tourne court et je reste un peu sur ma faim.

— Encore un peu de patience.

Il se faisait tard et les mixtures du Raoul m'avaient assommé. Tout heureux d'avoir rembrasé ce souvenir de jeunesse, Schott paraissait de plus en plus guilleret. Il a exigé une autre bouteille de blanc de blancs, disant qu'il lui fallait un supplément de carburant pour me bonnir la fin de l'histoire.

Plusieurs années s'étaient écoulées avant qu'il découvre enfin la clef du mystère. Il avait conservé dans six grandes boîtes de classement toutes les lettres de ses lecteurs, un ramassis considérable qu'il voulait trier, élaguer, pour ne conserver que la crème et brûler le reste. Ce faisant, il était tombé sur la série de lettres qu'une Suzie Mangold lui avait adressées après la parution de *Postillons et bêtes de songe*. Il avait oublié l'épisode depuis longtemps. En remettant la main sur cette correspondance, il a réalisé que Suzanne l'empoisonneuse, la fidèle du premier roman, était à coup sûr cette Suzie Mangold, une jeune femme qu'il n'avait jamais rencontrée et qui, pendant deux ans, lui avait envoyé des missives de plus en plus délirantes. La critique avait accueilli le roman du jeune Henri Schott avec une prodigieuse outrance dans le dithyrambe.

Des chroniqueurs littéraires tordus, émoustillés par la violence sauvage et la cruauté de certaines pages, ont distillé un parfum de scandale dans les médias. Schott avait reçu à l'époque une avalanche de lettres, une incroyable fricassée d'invectives, de louanges, de témoignages complices, de confidences indécentes, d'aveux pimentés, de messages émouvants… Il les lisait avec un étonnement amusé mais n'en tenait aucun compte, et négligeait de répondre. Son éditeur lui a conseillé de se montrer moins désinvolte avec ses lecteurs et de répondre, même brièvement, aux lettres aimables, surtout au courrier féminin, car « les lectrices de romans sont beaucoup plus nombreuses que les lecteurs. C'est grâce aux lectrices que certains livres font un tabac ! » Un argument commercial auquel le novice s'est plié docilement. La lettre de Suzie Mangold était émouvante et brillante. Il s'est appliqué à répondre avec courtoisie et délicatesse, un tour de force pour le gaillard abrupt et revêche qu'il était alors. Quelques jours plus tard, il recevait une deuxième lettre, de huit pages celle-là, une effusion de remerciements, de sentiments éthérés, de soupirs, de postulations anxieuses. Les deux lettres étaient envoyées de Strasbourg à l'adresse de son éditeur. Suzie Mangold était une étudiante de la faculté des Lettres de cette ville. Elle savait que Schott avait fréquenté la même université quelques années plus tôt, une coïncidence banale, mais qui, pensait-elle, ne devait rien au hasard. « Nos âmes sont jumelles et complices. Je vous lis avec une parfaite communion d'âme et, comme personne d'autre, je sais ce que recèlent vraiment vos mots. » La réponse aimable mais très ferme du jumeau a déclenché un nouvel épanchement, douze pages in-quarto de flots du cœur, de cataractes hallucinées. Schott a laissé cette lettre sans réponse et n'a pas répondu non plus aux vingt-cinq autres tartines de sa frénétique jumelle. Elle a gémi et fulminé pendant deux ans, avant de se résigner. Dans son dernier message, elle prédisait que le cynique et cruel Henri regretterait un jour de l'avoir humiliée. Schott a filé une photocopie de toute cette littérature à son éditeur.

— Sois sans crainte, je ne lui ai pas donné ton adresse. Elle a téléphoné et fait téléphoner plusieurs fois pour l'obtenir.

Schott a publié un deuxième roman quatre ans après le premier. Nouveau succès de scandale, nouvelle avalanche de lettres. Il n'a plus jamais répondu, même aux plus flatteuses.

Fin de l'histoire ! Je ne sais plus si nous avions vraiment terminé cette étrange soirée avec un blanc de blancs. Je crois que j'ai amené ce vin dans le récit pour respecter le titre de mon recueil. Je n'ai jamais revu Henri Schott. Plusieurs années après notre rencontre, j'ai appris qu'il s'était fixé à Alep et qu'il était mort là-bas. À vrai dire, je ne me souviens plus très bien des circonstances au cours desquelles j'ai entendu cette histoire de lectrice criminelle. L'histoire est authentique, mais est-ce que je la dois à feu Henri Schott, ou bien à ce romancier américain avec lequel j'ai voisiné puis sympathisé lors d'un autre salon ? Les soirées d'ivrognerie sont fréquentes, pour ne pas dire inévitables, pendant les kermesses du livre. Faut-il ajouter foi aux divagations d'un écrivain bourré ?

Quatrième journée

Freux

un récit villageois

à Théophile de Giraud

Faites s'abattre des grands cieux
Les chers corbeaux délicieux.

Arthur RIMBAUD

C'est une histoire de village que je tiens de Mireille Larroque, une histoire vieille d'un demi-siècle. La patine du temps lui confère un parfum de légende, de conte fantastique.

Il y a belle lurette que les récits villageois, tant prisés dans les veillées à l'époque de Berthold Auerbach, Erckmann-Chatrian et autres conteurs populaires, ne sont plus au goût du jour. Mettre en scène des paysans pour les signaler comme modèles à suivre ou pour les brocarder, les peindre sous toutes les coutures, montrer leurs faces plaisantes et détestables, louer leur indépendance, la naïveté de leurs mœurs, leur attachement à des coutumes arriérées, stigmatiser leur esprit de chicane, n'a plus de sens aujourd'hui. Les paysans, valets et filles de ferme, bellures et idiots du village ont disparu comme ont disparu les curés de campagne, les colporteurs et les galvachers du Morvan. Les villages rendent l'âme quand triomphent les exploitants agricoles, la productivité et le machinisme. Je n'éprouve ni tendresse ni nostalgie en évoquant le monde rural de jadis. J'ai barboté dans sa fange pendant mon enfance et m'y suis encore un peu vautré plus tard. L'Arcadie bucolique est une fumisterie littéraire boutiquée par les poètes de la Renaissance, les conteurs et les fabulistes du XVIIIe siècle pour édifier les rats des villes. Recuit avec des épices moins poétiques, le canular arcadien fleurit aujourd'hui sous forme de reportages régionalistes bidon et de téléréalité daubeuse. Le bonheur est toujours dans le pré, l'amour itou !

Mireille Larroque a poussé comme une fleur des champs sur les pâtures de l'ancienne paysannerie du Morvan, un milieu biotique assez proche de celui que j'ai connu dans les Vosges du Nord après la guerre. Mimi est une vieille dame à qui on ne la fait pas, mais elle devient un brin sentimentale lorsqu'elle évoque le vieux temps. Cette sentimentalité qui broche sur tout ce qu'elle raconte donne à ses récits une note singulière, sinon étrange, un charme original et puissant. Les animaux, les oiseaux, les insectes même auxquels elle prête un langage et des sentiments prennent vie par une sorte de magie.

C'était après un joyeux dîner d'octobre à La Celle, chez mon ami Chassignet. Un de ses camarades de jeu, un gredin chasseur, lui avait offert deux colverts tirés aux abords des Settons quelques jours plus tôt. Mireille cuisinait le gibier à plumes comme personne. Pour escorter le duo, Chassignet avait pioché dans les rayons Gevrey, Moret et Chambolle de sa prodigieuse cave bourguignonne. Un peu excessif, direz-vous, pour arroser le canard ! J'ai oublié de mentionner les soufflés aux écrevisses et les quenelles de brochet servis en prélude à ce balthazar. Après dîner, comme d'habitude, nous nous sommes repliés dans la bibliothèque. Mireille nous a rejoints avec un plateau de tartes et de darioles à l'anis, à la menthe, au fenugrec, montées en pyramides. Chassignet a voulu m'épater avec un vin que je ne connaissais pas, un « merle blanc » disait-il, issu d'un effronté petit carré de chardonnay planté en plein Chambertin, une réjouissante provocation du domaine Comte Georges de Vogüé. Le flacon portait le millésime 1993. En servant ce vin, Chassignet a prononcé l'oraison funèbre de la bouteille avec une étrange solennité. « Bossuet sur les arpents des chanoines Krau et Kir ! » ai-je ironisé. D'une voix embrumée, Chassignet m'a conseillé de railler tout mon saoul, car plus jamais je ne boirais de ce vin. 1993 est le millésime ultime, la vigne a été arrachée après cette cuvée.

— Je conserve précieusement trois autres bouteilles depuis plus de dix ans, mais aucune d'elles ne sera sacrifiée pour ton vilain nez de buveur de riesling !

J'étais mouché, mais pas éméché au point de déclencher une stupide guerre de cépages. Chassignet a proposé de porter un toast collectif, en hommage à toutes les variétés de grappes, à son pote le chasseur de canards, à toutes les espèces de canards et aux enfants sauvages, à Mireille pour sa façon de les accommoder (les canards, pas les enfants !), aux Alsaciens réfugiés dans le Morvan, aux cigognes et aux ramiers, aux merles noirs, blancs et bleus, aux grues et aux tétras, aux aigles bottés, huppés, royaux et pomarins… La liste était interminable, Chassignet étant très calé en ornithologie, y compris celle des zoziaux légendaires. Notre conversation a roulé sur les oiseaux jusque tard dans la nuit. Le canardeur a sorti quelques anecdotes de sa gibecière, des tartarinades de petit trappeur des Settons. Mis en verve par le précieux musigny, Chassignet nous a soudain entraînés vers Point Reyes et Bodega Bay en Californie, la scène de crime des oiseaux tueurs de Hitchcock. Ensuite, les yeux noyés de larmes, il a évoqué d'une voix tremblante l'estuaire du fleuve Mana en Guyane, un territoire sur lequel il avait crapahuté dans sa jeunesse. Il a évoqué le festin barbare des urubus, noirs vautours amazoniens, qui déchirent et dévorent les molles et délicates petites tortues luth fraîchement écloses lorsqu'elles se précipitent vers la mer. Pour ne pas être en reste, j'ai sorti à mon tour une macabre histoire d'oiseaux. Au cours des années 90, j'ai passé plusieurs automnes et printemps en Arizona, chez Jim Harrison, dans sa petite maison perdue dans un canyon près de Patagonia. Nous promenant un jour avec Tess et Rose, ses deux setters, près du lac San Carlos et des montagnes Gila, nous avons bivouaqué à Bylas, un misérable patelin apache coincé entre la rivière Gila et la route 70 qui mène au Nouveau-Mexique. Jim m'a expliqué que plusieurs villages du coin portaient des noms de chefs indiens, comme Bylas et aussi Geronimo qui se trouve à quelques miles plus au sud, sur la même route. Apaches, Hopis, Navajos, Papagos et Zunis… Jim était intarissable sur l'histoire, les coutumes et les légendes des peuples amérindiens de l'Arizona. Avant de quitter Bylas, il m'a rapporté une horrible anecdote qui s'était déroulée dans ce lieu trente ans plus tôt. Une femme blanche venue du Nord avait épousé un chef hopi. Après plusieurs années de mariage, la dame s'est mise un jour à injurier le mari en pleine place publique, une scène de ménage bourgeoise typiquement occidentale, avec des récriminations et des insultes très crues. Le chef est resté muet et immobile comme une statue devant la mégère déchaînée, mais au bout d'un moment il a émis un sifflement, peu perceptible au début, mais qui allait en s'amplifiant. Soudain, surgi de nulle part, un énorme rapace s'est abattu sur la femme et lui a arraché tout le cuir chevelu, ainsi qu'un œil, avant de disparaître dans le ciel. Les passants qui avaient assisté à la scène se sont enfuis, terrorisés. Le chef hopi est resté de marbre, puis il est parti lentement, sans se retourner. La femme mutilée a sombré dans la folie et n'a jamais recouvré la raison.

Mireille a trouvé l'histoire à son goût.

— Bien fait pour cette chipie yankee ! Au lieu de faire la maligne chez les Peaux-Rouges, elle aurait mieux fait de se marier avec un pharmacien de Chicago, un imbécile qui adore les scènes de ménage !

Chassignet a demandé si j'avais vraiment gobé ce conte.

— Ton vieux pote est un farceur, comme toi et comme tous les auteurs de romans. S'il fallait prendre pour argent comptant les sornettes des écrivains ! Cela dit, l'histoire est excellente.

Je n'ai pas relevé. Il était deux heures du matin, un peu tard pour engager une polémique au sujet des facultés fabulatrices des romanciers.

Mireille s'était délectée de l'anecdote plus ou moins authentique de Jim Harrison. Elle aussi gardait en réserve une histoire d'oiseaux, une belle histoire de derrière les fagots, aussi terrifiante et plus cruelle encore que celle du rapace d'Arizona. Avant de nous la raconter, elle m'a demandé ce que je pensais des corbeaux. Chassignet a répondu à ma place.

— Il les adore ! Le corbeau est son animal totémique. Il a toute une colonie de freux dans les arbres de son parc.

— Autrefois, dans bien des maisons, on rencontrait des corbeaux apprivoisés. J'ai toujours rêvé d'avoir un copain corbeau. Pline raconte que l'empereur Tibère en avait un qui venait se poser à la tribune des harangues pour le saluer. Quand l'oiseau a été tué, le peuple de Rome lui a fait de grandes funérailles avant de mettre en pièces son meurtrier.

— Mon grand, je pense que mon histoire va te plaire.

L'histoire ne datait pas d'hier, mais du temps où Mireille, âgée de quatorze ans, vivait avec ses parents dans un petit hameau du Haut Morvan, non loin d'Anost. Le plus proche voisin de la famille Larroque était un métayer d'une modeste ferme. Le bonhomme peinait à nourrir sa famille avec le lopin de seigle et le chétif cheptel de vaches, cochons et volailles de la petite exploitation, aussi passait-il ses nuits à braconner dans les bocages, les forêts et les pâtis des environs. Il maraudait aussi dans les étangs. Ce sympathique Raboliot était partageur. En gage de bonnes relations de voisinage, il déposait régulièrement un lapin de garenne, un cuissot de chevreuil, une sarcelle ou un couple de perdreaux, des brochets ou des perches, dans l'office des Larroque, toujours très discrètement. En ce temps-là, dans les campagnes, personne ne fermait sa porte à clef.

Une colonie de corbeaux freux avait installé son dortoir au sommet des vieux frênes qui bordaient sa ferme. L'adorable voisin s'appelait Achille Rabeux et ce Rabeux était superstitieux. Les corbeaux sont des oiseaux de malheur et l'installation de cette corbeautière lui apparut comme un signe néfaste. Voyant ces multitudes noires tournoyer au-dessus de sa ferme en poussant des clameurs gutturales et discordantes, le Rabeux n'en menait pas large. Un matin de printemps, quand les petits freux au nid étaient encore nourris par les parents, il décida d'en finir. Pendant plusieurs heures il a mitraillé les nids à coups de carabine. Les poussins ont tous été tués, mais la plupart des adultes ont survécu au carnage. Ils ont tournoyé en carrousel au-dessus des frênes avec des cris de plus en plus sinistres, des cris métalliques suivis de sons rauques et tremblés, des craquètements à fendre l'âme. En relatant la scène, Mireille a évoqué le massacre des innocents par Hérode et la Saint-Barthélemy. Une Saint-Barthélémy vaine car les noirs maraudeurs sont revenus au printemps suivant, plus nombreux et plus bruyants encore. Des hivernants étrangers s'étaient joints aux rescapés indigènes. Hanté par le souvenir obsédant de leurs clameurs lors de la tuerie, et peut-être aussi par le remords, Rabeux n'a pas récidivé. Il s'est promis de les exterminer plus discrètement, avec des appâts de maïs empoisonné. À l'époque, les droguistes vendaient des narcotiques, interdits aujourd'hui, pour anesthésier les pies, les geais et les corbeaux. L'alternative poison plaisait aussi à la femme Rabeux. Ayant accouché en janvier d'un troisième héritier, elle avait interdit les pétarades et les fusillades aux abords de la ferme.

En mai, par un bel après-midi embaumé de lilas, la fermière a garé le landau dans le potager pour que le bambin profite de la tiédeur du joli mois. Pendant que le bébé s'enivrait de l'air parfumé et du babil mélodieux des fauvettes, la mère voulait achever son grand nettoyage de printemps dans la maison. Elle a commencé par les deux pièces donnant sur la cour. Les deux aînés rentraient de l'école lorsqu'elle s'apprêtait à astiquer les chambres côté jardin. En ouvrant les fenêtres, elle a surpris une patrouille de corbeaux qui tournoyaient à basse altitude au-dessus du potager. Tour à tour, des oiseaux quittaient la ronde, partaient en flèche et se laissaient tomber en piqué vers le sol, des manœuvres exécutées en silence, un silence effrayant. Madame Rabeux et les deux garçons ont couru vers le potager. Trop tard ! Les freux avaient pris leur revanche. L'enfant était mort, son visage déchiqueté, sans yeux ni joues ni lèvres, n'était plus qu'un moignon sanglant.

Mireille avait-elle improvisé ce conte macabre pour faire la pige à celui de Jim Harrison ? Elle a juré que l'histoire était authentique et que les journaux locaux l'avaient même servie à la une.

— La femme Rabeux est morte dans un asile d'aliénés dix ans après le drame, Achille Rabeux est chez les taupes depuis longtemps, mais les deux fils sont sans doute en vie. Retrouvez-les, ils vous diront que je n'ai rien inventé.

Le mot de la fin est revenu au canardeur.

— J'ai toujours pensé qu'il fallait être fou pour tirer un corbeau ou une corneille.

Cinquième journée

Chablis

à Stéphane Humbert-Basset
et à Jan Lemoux

Le moi qui dit moi n'est pas le vrai moi.

Lanza DEL VASTO

L'identité est une recherche toujours ouverte.

Claudio MAGRIS

Quand je bois du chablis, je porte toujours un toast à la mémoire de Rémy Labarre. Sa carcasse depuis longtemps feue se confond aujourd'hui avec l'humus d'un parc à l'abandon près de Beaune. Les grands névrosés m'ont toujours séduit. La neurasthénie métamorphose quelquefois les personnes en véritables personnages.

Rémy fut mon condisciple dans un collège huppé où les cancres de l'élite potassent la métrique latine et se récréent au golf et au bridge. Il n'était pas cancre mais, ne sachant gérer les excentricités de cet adolescent hétéroclite, sa famille s'en était tout de même débarrassée.

Totalement inapte à respirer dans le monde réel, l'héritier Labarre s'abîmait dans la fiction et n'existait qu'en s'identifiant à des héros de romans ou de films. Les mythomanes exigent un public. Pendant mes cinq années d'internat dans cette boîte, je fus le spectateur conquis de celui-là. Je l'ai admiré en Meaulnes, en D'Artagnan, en Chingachgook, en Bob Morane, Hippolyte, Cid Campeador, Chatterton et Dracula.

En général, j'évite de revoir les amis de jeunesse trente ans plus tard. On vieillit moins vite quand on n'est pas confronté aux vestiges du passé. Mais, pour Rémy qui avait retrouvé ma trace, je fis une exception par curiosité et lui rendis visite à plusieurs reprises dans la demeure où il vivait reclus, non loin de Beaune. Un copieux héritage lui avait permis de poursuivre ses chimères et de multiplier ses déguisements. Certaines bâtisses de la seconde moitié du XIXe siècle ne semblent avoir été imaginées par les architectes que pour servir de décor à d'étranges calamités. Celle où mon ami s'était enfermé depuis quelques années – l'agoraphobie étant la plus bénigne de ses obsessions – était un inextricable castel néogothique à vitraux, escaliers secrets et gargouilles, parfait décor pour un roman frénétique de l'époque des bousingos. Livide et décharné comme un vampire au chômage, Rémy passait ses journées dans une chambre obscure encombrée de meubles sculptés, de livres, de bibelots grotesques, tout un bric-à-brac d'horreurs ornementales, de tableaux symbolistes et d'objets exotiques. Depuis des années, il vivait derrière des volets clos et d'épaisses tentures fanées qui le préservaient de la lumière du jour. Il se levait la nuit et s'habillait de noir pour jouer du violon.

En parcourant un jour l'*Anthologie de l'humour noir* de Breton, je découvris l'origine de la nouvelle métamorphose de mon caméléon. Dans son choix d'habiter près de Beaune cette thébaïde hermétique, de jouer du violon à minuit, il m'apparut clairement que l'ami retrouvé s'identifiait à Xavier Forneret, l'« homme noir » du romantisme qui, vers les années 1830-1840, effarouchait déjà les bourgeois bourguignons par ses habitudes excentriques. Une autre chose cependant m'intriguait. Rémy végétait là avec, pour seule compagne de lit, une bouteille de chablis. Il me recevait couché dans un monstrueux lit à baldaquin, encombré de cahiers, de feuilles d'écriture et de livres, avec à portée de main un seau à glace où se gardait au frais un flacon. Il ne m'a jamais proposé de déjeuner ou de dîner avec lui et je devinai, après plusieurs visites, que Chablis était non seulement le complice de ses jours et de ses nuits, mais aussi son unique pitance.

En prenant de la bouteille, certains buveurs s'épanouissent, s'enveloppent et se façonnent de rubicondes tronches alors que d'autres se dessèchent. Privé de soleil comme un champignon de cave, Rémy était blême. L'abstinence de nourriture solide avait creusé son visage selon le canon esthétique décavé d'un antique Christ espagnol en ivoire. Mon Rémy était devenu un camé chablisien. Je m'étonnais de ce que, gîtant aussi près de Beaune, il ne variât jamais son ordinaire avec des vins d'Aloxe-Corton, Pommard, Volnay et autres chambertins, se privant ainsi du triomphant cépage pinot noir, ce « sang bleu » de la généalogie bachique. Mais Rémy Labarre avait définitivement choisi de « chardonner ». Le chardonnay, cet or liquide à la fois sec et onctueux, nerveux et cependant caressant, est un cépage aussi mâle que féminin. Un auteur qui mieux que personne a chanté l'âme du vin de Bourgogne, Jean-François Bazin, a suggéré que le chardonnay avait plutôt le sexe des anges. Avec cet ange-là, Rémy vivait une passion amoureuse, exclusive et définitive. Lorsqu'il prononçait le nom de son aimé, c'était avec la tendresse voluptueuse des amants magnifiques. Dans sa bouche, chablis commençait comme un chuchotement et se terminait en doux baiser. Cette belle ferveur me conquit à mon tour. Le chablis grand cru devint alors mon vin des fins de matinée. J'aimais à retrouver sa délicate acidité, sa discrète note de fleur d'acacia lorsque je revenais d'une balade en forêt avec mon chien.

Mais j'hésitais à le boire à table, car Chablis est aussi susceptible qu'élégant. Les mets richement cuisinés pourraient l'étouffer, l'écraser. Chablis a mis beaucoup de printemps dans mes automnes, comme un petit clin d'œil de pâquerettes quand pointent les colchiques.

Rémy a bu son dernier verre en 1989, une grande année pour Chablis. La maladie qui le rongeait lui accorda un sursis jusqu'aux vendanges. Respectant ses dernières volontés, j'ai répandu ses cendres parmi les feuilles mortes de son parc. Aujourd'hui, la sinistre demeure est livrée aux intempéries et le jardin est un roncier impénétrable. Les héritiers de Rémy n'ont pas trouvé d'acquéreur.

Ce fut bien après son départ, un soir en suivant un film des années 70 à la télévision, que j'eus l'explication du dernier rôle interprété par l'aventurier sédentaire qui avait parasité tant de types littéraires. Le vieux John Gielgud, plus shakespearien que jamais, y incarnait un écrivain insomniaque qui dans son lit se débattait avec les personnages de son ultime roman et apaisait un douloureux cancer avec du chablis. Je reconnus l'étiquette sur la bouteille. Rémy avait choisi le même producteur.

Sixième journée

Madame Mathivat

à Jacques Pimpaneau

Aimer son mari, c'est payer un fournisseur. Aimer un amant, c'est donner aux pauvres.

P. J. Toulet

De temps en temps, une irrésistible envie de galopades et de caracoles s'empare de mon ami Chassignet. Ça le prend surtout pendant les demi-saisons, cycles particulièrement propices pour trotter, galoper et se griser au grand air. Sa monture s'appelle Mabelle, une jument alezane avec une resplendissante crinière blonde qui partage une écurie avec trois autres palefrois de son acabit à la ferme de madame Mathivat. La ferme Mathivat est une adresse introuvable, un coin perdu entre la forêt de Glenne et la forêt de Folin, proche des gorges de la Canche. On y accède après plusieurs kilomètres de piste cahoteuse par temps sec, bourbeuse dès qu'il pleut.

Chassignet se la joue volontiers cow-boy solitaire, sans doute en souvenir de ses échappées à travers les collines et les canyons du sud de l'Arizona avec son vieux copain, le cinéaste Tom

Kenton, mais la plupart du temps je lui sers d'escorte.

Madame Mathivat est une femme qui en impose. Grande et altière, elle a une manière très Junon d'inspirer le respect. J'ai vu Chassignet se troubler et baisser les yeux lorsqu'elle s'adressait à lui en le fixant de ses grands yeux noirs. Jeune, elle a sans doute été belle, mais les années avaient peint sur son visage le masque des martyrs, une expression plissée, un composé de souffrance acceptée et de défi.

Elle nous accueille toujours avec empressement. Pendant que Victor, le balèze bancal et borgne qui lui sert de factotum, prépare les chevaux, madame Mathivat nous reçoit dans sa cuisine avec une bouteille de chardonnay du Puy-de-Dôme, son pays natal. Je suis persuadé qu'elle ne débouchait ce décapant que pour le plaisir de voir grimacer Chassignet. Son mari, un homme au visage à la fois doux et sévère, assiste parfois à ce rinçage rituel. Monsieur Mathivat, toujours vêtu avec une élégance citadine, est discret et peu loquace. Sa femme parle à sa place et il se contente d'acquiescer en souriant. Ce curieux ménage excitait ma curiosité. Les Mathivat ne ressemblent pas à des fermiers et leur ferme n'est pas banale. Ni vaches ni cochons chez les Mathivat, pas de poules ou de lapins. Leur cheptel vif se compose de quatre chevaux et d'un chien colley à poil long sable et blanc. Leur cheptel mort est encore plus succinct. Juste ce qu'il faut pour nettoyer l'écurie, du matériel sommaire, pas de tracteur, de faucheuse, d'ensileuse ou de broyeuse de haies. De la maison d'habitation, je ne connais que la cuisine, une cuisine parquetée, encaustiquée, d'une impeccable propreté, avec une grande cuisinière en fonte et cuivre, une table en chêne, un buffet en noyer, des chaises à haut dossier avec des marqueteries florales, une maie pétrin, tout cela briqué, lustré comme un intérieur bourgeois hollandais. À chacune de mes visites dans cet office d'apparat, je me demande si une marmite a un jour fumé, si des macaronis ont gratiné, si l'andouille a quelquefois grillé dans ce décor propret. L'agencement du domaine Mathivat est bien trop ordonné, étudié et artificiel. Le taciturne mari, toujours tiré à quatre épingles, fait davantage professeur ou notaire que paysan. D'un naturel beaucoup plus expansif, mais très pète-sec, madame Mathivat évoque la femme de tête plus que la femme de cœur, la patronne qui mène son équipage à coups de nerf de bœuf. Un équipage réduit, un foyer sans enfants, une ferme sans plus de main-d'œuvre que le claudicant Victor, un gaillard charpenté comme le Milon de Crotone de Puget, mais très en retard dans son développement mental. Nonobstant sa carrosserie herculéenne, le valet file doux, tout comme le mari, devant la souveraineté de madame Mathivat. À ma grande surprise, Chassignet semblait lui aussi se faire tout petit devant elle, tout petit et tout mignon, comme un écolier devant une maîtresse d'école. Un spectacle impayable ! Au reste, madame Mathivat semblait prendre un malin plaisir à l'asticoter et ne perdait jamais une occasion de le faire tourner en bourrique. Et lui, bonhomme comme je ne le connaissais pas, encaissait les vannes sans moufter. Il ne lui a donné la réplique qu'une seule fois en ma présence, placidement, avec une suavité déconcertante. Je n'avais jamais vu le vieil ours aussi mielleux, aussi attendri. Un numéro écœurant de mièvrerie. Cela dit, la comédie semblait parfaitement rodée. J'ai aussitôt soupçonné que ces deux-là étaient compère et commère de tréteaux et moi, le spectateur gogo de leur petite parade. Innocent compérage de vaudeville ou comédie déguisant un secret de coulisse ? Je n'avais jamais eu l'occasion d'apprécier Chassignet en joli cœur. Le vieux bougre ne me faisait pas de confidences sur ses incursions chez les dames. Je savais qu'il avait eu le béguin pour quelques créatures mystérieuses. De temps en temps, il disparaissait pendant une semaine, puis rentrait comme une fleur. Quand j'ai voulu le cuisiner au sujet de ces fugues énigmatiques, il m'a rembarré d'un ton sec.

— Tu permets que je me paie de temps à autre quelques journées de dandysme à Paris ?

— Tu fais le dandy à Paris ? En quoi ça consiste ?

— Marcher sur les boulevards après minuit, quand les parages sont fréquentés par les ivrognes et les rêveurs.

Jolie pirouette, comme toujours. Chassignet est un virtuose de l'esquive quand il veut sauvegarder ses secrètes plates-bandes.

Après l'inévitable chardonnay auverpin, nous avons trotté côte à côte à dada sur nos bidets. Je l'ai complimenté pour son sketch avec la Mathivat, une petite raillerie affectueuse. Mais ce jour-là il n'était pas d'humeur.

— Ce que tu peux être agaçant ! Tes patelineries de jésuite me hérissent le poil.

— D'ordinaire tu n'es pas aussi chatouilleux. C'est pour la mère Mathivat que tu te mets dans cet état ?

— Madame Mathivat, pas la mère Mathivat !

— Soit ! Madame Mathivat, baronne Mathivat, duchesse Mathivat et même princesse Mathivat, comme tu voudras, objet de vénération pour son mari et pour le pauvre Chassignet. Votre petit intermède m'a épaté !

— Quel petit intermède ?

— Votre comédie de tantôt, madame et son toutou ! Je suis persuadé que madame Mathivat est une chipie, une peau de vache. Devant les tiers elle cache son jeu à coups de plaisanteries et de piquette auvergnate, mais elle tyrannise ses proches. Le père Mathivat a sans doute abdiqué depuis longtemps. Il a l'air complètement éteint. Je ne vais pas m'apitoyer. Quand on épouse une colonelle, c'est qu'on aime la discipline !

— Tu ferais bien de ne pas porter de jugement hâtif sur le couple Mathivat, tu ne sais rien de ces gens. Domination et soumission ? Foutaises ! Ces deux-là détiennent un secret, un secret enfoui profondément depuis des années.

— Mais toi, vénérable hiérophante, tu connais ce secret. Madame Mathivat t'a fait ses confidences. Tu me mets au parfum ?

Sans me répondre, il a filé au grand galop vers l'allée cavalière qui coupe la forêt un peu plus loin. J'ai peiné à le rattraper. Je suis un piètre cavalier et ma monture, l'indolente jument Pagaille, n'avait aucune envie de rivaliser avec la fougueuse Mabelle. Pagaille déteste comme moi la compétition sportive. Sa spécialité, c'est la flânerie au petit trot avec des arrêts fréquents, ici pour brouter une pousse de berce, là pour dégommer un rameau de frêne, pour lorgner la parade nuptiale d'un couple de piérides, pour boire un coup dans une fontaine ou un étang. Cette charmante rosse est une âme contemplative, une rêveuse portée à la méditation. Lors de ma première incursion dans l'écurie Mathivat, le biscornu palefrenier m'avait examiné sous toutes les coutures et palpé comme ferait un maquignon, avant de décréter qu'il ne « voyait que Pagaille pour s'accorder avec un engin de ce genre ». Madame Mathivat avait approuvé et Chassignet d'ajouter son grain de sel.

— Ce brave garçon pilote des petits avions et fait le mariole sur des motos, mais il ne tiendrait pas trois minutes sur le dos de Mabelle, de Coyote ou de Noisette. Victor a raison, essayons avec Pagaille !

Après une période de rodage et graissage de pattes avec une profusion de petits cadeaux, carottes, bananes, caramels, petits fours et autres friandises dont Pagaille raffole, nous sommes très vite devenus copains.

— Une fois de plus, Mabelle vous a semés !

— Tu files au galop pour te défiler, mais je suis têtu. C'est quoi le secret des Mathivat, ou dois-je dire ton secret avec madame Mathivat ? Ça n'a pas l'air simple ! Tu fais moins d'histoires quand tu polissonnes avec ta bande de gredins. Tu ferais peut-être mieux de t'en tenir à ce genre de récréation.

— Viens dîner demain soir ! Millefeuille de pieds de porc aux truffes de Bourgogne, coq au vin et amusettes variées. Mireille veut que tu sois de la fête.

— Et qu'est-ce qu'on fête ?

— Les gouliafres, les biberonneurs et les fabulistes, autant dire que ce sera ta fête ! Après le dîner, je te dévoilerai le secret des Mathivat. Mais sache dès à présent qu'il n'y a jamais rien eu entre madame Mathivat et moi, rien d'autre que de la sympathie, de l'affection, de la confiance bien placée.

*

* *

Le secret des Mathivat n'était qu'une banale anecdote, une de ces petites misères de la vie conjugale qui assaisonnent la maussaderie matrimoniale d'un peu de piment. Ça ne ferait pas matière, comme disent les Anglais, pour un roman, à peine pourrait-on en tirer un épisode pour une série télévisée. L'intrigue n'est pas compliquée et manque de rebondissements, seul le dénouement est intéressant, car il ne résout rien. Le secret des Mathivat est une péripétie sans épilogue, un secret définitivement enseveli par les protagonistes, mais que madame Mathivat a confié à Chassignet, comme une pénitente dans un confessionnal. Chassignet n'avait jamais rapporté cette histoire. Il m'en a donné la primeur en la dramatisant de façon tellement poignante que je m'en suis voulu après coup d'avoir insisté pour la connaître.

La soirée avait commencé joyeusement, avec un arrosage au mercurey blanc, une petite excursion en côte chalonnaise, a dit Chassignet, pour faire passer le goût du chardonnay côte d'Auvergne de madame Mathivat. Le producteur de ce beau vin s'appelle Bordeaux – le comble de la plaisanterie quand on vinifie en Bourgogne –, un fin lettré, amateur de poésie et collectionneur de livres anciens comme Chassignet. Je ne me répandrai pas en commentaires sur le millefeuille et le coq au vin de Mireille, histoire de calmer les gourmands qui m'incitent à tenir un blog culinaire. Un mercurey rouge de la même maison a escorté le coq. D'ordinaire, pour les causeries d'après-dîner, Chassignet m'entraîne à l'étage vers son repaire intime, sa bibliothèque. Mireille ne s'y attarde jamais. « C'est son terrier, mais moi j'étouffe là-dedans. Tous ces murs tapissés de vieux cuirs et de poussière me dépriment le moral. » Sans doute voulait-il aussi partager le secret des Mathivat avec sa vieille nounou, car il nous a invités tous les deux à le suivre vers une pièce qui ne servait jamais, un salon secret, meublé de bergères Louis XV, de commodes, chiffonniers, tables de jeu, vases en porcelaine, tableaux anciens et paravents chinois, au centre duquel parade une somptueuse harpe Erard style Empire. J'avais rarement mis les pieds dans ce musée, la seule pièce de la maison demeurée intacte depuis l'époque des arrière-grands-parents Chassignet. Les grands-parents et les parents l'avaient maintenue en l'état avec une dévotion héréditaire et, par une sorte de prudence superstitieuse, Chassignet avait fait de même. La façon quelque peu solennelle avec laquelle il nous a installés dans ce décor m'a intrigué. Chassignet ne m'avait pas habitué à tant de cérémonie. Il s'est assis un peu à l'écart, sans un mot, le visage tendu. Vu la tournure lugubre que prenait la veillée et le malaise qui grandissait en moi, j'ai voulu prendre congé. Mireille m'a retenu.

— Tu ne vas pas t'en tirer comme ça, mon grand. Tu voulais entendre l'histoire de la dame aux chevaux, alors un peu de patience. Tu ne t'échapperas pas avant de l'avoir écoutée. Moi je ne la connais pas et ça m'intéresse ! Et toi, mon gamin, arrête tes chichis et aboule le potin.

Mimi Larroque est une fée. L'ambiance s'est aussitôt détendue et le cadre suranné de ce salon bourgeois m'a soudain semblé beaucoup plus familier.

Le verre de mercurey à la main, Chassignet a porté un toast en vénération au dieu Mercure, avant de commencer son récit.

— C'est ton vin, coquin des dieux !

Au début des années 70, les Mathivat avaient acheté cette ferme cachée dans les bois du Morvan. Ils venaient de Clermont-Ferrand où monsieur Mathivat avait exercé comme médecin hospitalier pendant plus de trente ans. Sa femme, de vingt ans sa cadette, rêvait de campagne, de promenades à cheval, de clairs de lune, de nuits d'étoiles et de baisers sous la tonnelle. Faute de pouvoir s'offrir un haras en Normandie, le couple Mathivat dut se contenter d'un petit ranch dans une contrée plus défavorisée que le gras pays d'Auge.

Au début, tout allait pour le mieux dans le plus beau des paradis bucoliques, l'enthousiasme au moment de l'installation, les premiers travaux, les aménagements intérieurs de l'habitation, la restauration des bâtiments de ferme, la création du potager, l'arrivée des animaux, les premiers chevaux, la basse-cour, l'adoption des chiens et chats, trois moutons, un joli petit âne gris, un couple de pigeons paons, et aussi quelques vrais paons qui pavanaient sur le faîte des toitures et dont les cris aigres ne perturbaient aucunement la benoîte félicité des deux citadins nouvellement convertis. Avec un enthousiasme lyrique, Chassignet n'en finissait pas de décrire tout cela dans les moindres détails, à croire qu'il avait été un protagoniste de cette bergerade à la Florian. Madame Mathivat transportée de bonheur au milieu des arpents verts, madame Mathivat jouant à la bergère comme Marie-Antoinette au Hameau de la Reine…

« Mais hélas, les beaux jours sont si courts », déplorait le refrain d'une ancienne complainte. Aux saisons filées d'or succédèrent bientôt les jours de désenchantement. Le docteur Mathivat refusait de monter sur le dos d'un cheval. Il avait compris rapidement qu'il n'était pas un homme des champs et qu'il ne le deviendrait jamais. Il s'absentait de plus en plus souvent, sous prétexte de quelque affaire de famille à régler, de dépannage d'un ancien collègue ou de congrès. En son absence, madame Mathivat fatiguait ses chevaux en les faisant galoper des jours entiers sur des pâtures et à travers les clairières. Le soir, pour meubler sa solitude, elle lisait des manuels d'hippologie et des romans d'amour. Le traité d'hippologie est un palliatif très efficient pour une cow-girl qui a le blues, contrairement aux romans sentimentaux, lents et séduisants poisons pour les âmes tourmentées. Lorsqu'il s'infiltre dans un cœur à l'abandon, il n'existe aucun antidote contre ce venin dilué à l'eau de rose, sauf peut-être l'alcool. Mais madame Mathivat ne buvait pas. Un an à peine après son arrivée dans le Morvan, elle avait perdu ses illusions. Monsieur Mathivat ne tournerait jamais gentilhomme campagnard, il resterait éternellement un rat des villes, un petit bourgeois provincial mesquin et propret. En l'épousant dix ans plus tôt, elle avait choisi le confort d'une vie sans surprises. Mathivat n'était ni cascadeur ni ambitieux et manquait totalement d'imagination pour se consacrer à autre chose qu'aux obligations de son ministère à l'hôpital. Madame Mathivat ne s'était jamais souciée de savoir si elle était heureuse en ménage. Pendant toutes ces années clermontoises, elle s'était montrée bonne épouse du bon docteur, selon les règles en vigueur dans ce milieu. Madame Mathivat n'avait pas lu Flaubert, ni Simone de Beauvoir, ni même Madeleine Chapsal et encore moins Christiane Collange. Elle n'avait pas lu grand-chose. Benjamine d'une copieuse nichée, elle fut l'enfant gâté de la famille. Comme elle était gaie, affectueuse et jolie en diable, son père, un modeste fermier du Cantal, avait estimé qu'elle était suffisamment armée pour « faire son chemin » et n'avait pas besoin de poursuivre de longues études pour dégoter un mari. Pour ce prolifique laboureur, « faire son chemin » voulait dire progresser socialement en faisant un beau mariage. Parée de tant de qualités naturelles, d'attributs palpables et de bonnes dispositions d'esprit, la petite Vénus champêtre a rapidement « fait son chemin » sur les chars fleuris des comices agricoles auvergnats, comme reine du saint-nectaire, dauphine du gaperon, miss aligot, miss cantal… Le père, qui dans sa jeunesse avait été élu « l'homme le mieux musclé du pays », tirait grande vanité des succès de la demoiselle lors de ces compétitions. Sa petite pouliche – c'est ainsi qu'il l'appelait – avait gagné plus de médailles dans les concours de beauté que son bétail dans les concours agricoles. Chassignet a fait l'impasse sur le trajet parcouru par la valeureuse pouliche depuis les podiums des comices agricoles jusqu'à la salle des mariages de l'hôtel de ville de Clermont-Ferrand, l'étape, à coup sûr, la plus trouble et la plus incertaine du parcours de la lauréate multiprimée. Une fois marida, madame Mathivat s'est appliquée avec beaucoup de zèle à remplir ses obligations de femme de médecin, d'épouse comblée, de maîtresse de maison accomplie. Las ! Le bonheur conjugal, comme tous les bonheurs d'ailleurs, ça n'est pas gai tous les jours. Le docteur Mathivat recevait les jeudis soirs. Il donnait à dîner à quelques relations, des collègues de l'hôpital, des petits notables, un entourage pas très folichon. Gracieuse hôtesse, madame Mathivat a dû, pendant des années, se farcir les prud'hommeries de ce peu ragoûtant cénacle. La fleur de la petite bourgeoisie clermontoise avec son répertoire de platitudes sentencieuses, de misérables ragots. Elle ne pouvait couper à l'assommante corvée du jeudi, alors, pour en atténuer le désagrément, elle s'échappait en pensée vers des parages plus ensoleillés, vers la ferme de son enfance, la joyeuse ribambelle d'enfants, vers son père, l'ancien hercule-apollon de village, un bonhomme nettement plus ragoûtant que les spécimens qu'elle devait se cogner chaque semaine. L'envie lui prenait alors de courir à travers champs, de se rouler dans l'herbe, de sauter dans une rivière, de caracoler sur un pur sang. Petit à petit, ces gamberges bucoliques ont viré à l'obsession. Quand Mathivat a évoqué son imminente retraite, elle a exigé qu'il la prenne loin de Clermont, dans un petit domaine avec des chevaux. Comme elle n'avait jamais rien exigé, monsieur Mathivat a cédé sans discuter à ce premier caprice. Il lui devait bien cela.

À force de dévorer son fatras de méchants romans d'amour, madame Mathivat a réalisé qu'elle n'avait jamais brûlé, frémi ni soupiré d'amour, qu'elle ignorait tout de la passion qui fait tourner la tête. Elle avait barboté plus de dix ans dans la marmelade conjugale, à l'abri des fièvres, délices, ivresses, chagrins et mystères du grand amour. Elle s'est dit qu'il n'était peut-être pas trop tard. Si les rhumatismes et autres raideurs musculaires interdisaient à son vieux mari les exercices d'équitation, tant pis pour lui ! Madame Mathivat, celle qui lisait des romans d'amour, était persuadée qu'il se trouverait un jour un homme jeune et vigoureux, un écuyer d'amour, qui ne demanderait qu'à galoper avec elle à travers bois et guérets, un homme viril, tendre et passionné, un homme qu'elle « aurait dans la peau ».

Faute de rebondissements, la comédie matrimoniale des Mathivat n'était guère palpitante et tout cela était raconté avec une espièglerie assez goguenarde, mais, à ce tournant de la pauvre intrigue, Chassignet a poursuivi son récit sur un ton nettement moins enjoué. Il a enfilé avec une solennité Grand Siècle très cocasse :

— Un homme s'est rencontré ayant toutes les qualités et tous les talents rêvés par madame Mathivat.

— Un homme providentiel tellement miraculeux que tu en parles façon Bossuet ? Un homme s'est rencontré ! Faut-il qu'il soit de la trempe de Cromwell ? D'une profondeur d'esprit incroyable, hypocrite raffiné ?

— Moque-toi en silence, s'il te plaît. Cet homme providentiel était, en effet, jeune et séduisant, jeune comme madame Mathivat à l'époque et tout ce qu'il y a de giron, pour ne pas dire de ravageur. Et ce phénix n'avait rien d'un Céladon, c'était du Lovelace grand cru. Le beau bestiau s'appelait Aimé Cazeneuve, magistrale illustration du vieux proverbe latin *nomen est omen*, puisque, dans la cité des gondoles, Cazeneuve se dit Casanova. Ce Cazeneuve venait de Normandie où les prisons ne sont pas de plomb. Il était marchand de chevaux et connaissait sans doute imparfaitement les ficelles du métier car ses lacunes dans l'art du maquignonnage l'avaient mené à deux reprises au ballon, deux mois dans l'Orne, six mois dans le Calvados. Libéré, il avait décidé de changer d'air pour exercer ses talents en Bourbonnais, Nivernais et Bourgogne, des provinces où les chevaux sont toujours en honneur dans les fermes, dans les vignes et dans les forêts.

Monsieur Mathivat était absent depuis une semaine lorsque Cazeneuve s'est pointé sur un splendide étalon pie blanc tacheté d'alezan. Madame Mathivat revenait de l'écurie quand le cavalier a déboulé dans la cour. Spectaculaire apparition ! Moulé dans un pantalon de velours vert-de-gris moucheté, botté de cuir fauve, blonde crinière en bataille, Cazeneuve a sauté à terre avec une souplesse d'acrobate. Il s'est avancé vers elle en roulant les mécaniques comme un champion de rodéo d'un western des années 50. En proie comme jamais à ses exaltations romanesques, madame Mathivat ne s'appartenait déjà plus. En découvrant l'inopiné Viking, elle a frissonné d'émoi, persuadée que la fine fleur de la chevalerie venait de débarquer dans son pourpris. Un coup de foudre réciproque, un jeu sans paroles, l'ébauche délicieusement crispante d'une intrigue très risquée. Excellents cavaliers, ils ont hâté leur galop tout l'après-midi par monts et par vaux, madame Mathivat rêvant monts et merveilles comme les amoureuses un peu godiches des photoromans. Ils se sont quittés après huit jours de transports, d'étreintes et de gémissements passionnés, la veille du retour de monsieur Mathivat. Par le plus favorable des hasards ou, allez savoir, par une fantaisie de la divine providence, madame Mathivat avait trouvé couvercle à sa marmite du premier coup, et sans même avoir eu à le chercher. Elle s'en est donné à cœur joie et son compère tout autant. Plus sensuel que cérébral, le lascar trouvait pleinement son compte dans cette aventure. La belle avait un mari, le mari s'absentait souvent, la plus commode des situations pour un séducteur sans foi ni loi, sans feu ni lieu. Ils se sont retrouvés très souvent et Cazeneuve était largement comblé par leurs fredaines intermittentes. Madame Mathivat, l'amoureuse gravement intoxiquée de littérature Harlequin, était persuadée que leurs équipées les conduiraient bientôt vers une issue merveilleuse, un destin magnifique, vers une fin heureuse comme celles qui couronnent les beaux romans. Les semaines où Cazeneuve se donnait relâche, madame Mathivat ruminait son bonheur avec frustration et nostalgie, un flux et reflux très embrouillé de délectations moroses et de folles gamberges. Elle était malade d'amour, raide dingo et prête à tout pour son larron d'honneur. Mais voilà que ses rêves et ses espoirs indéfinis ont été brisés net. Aimé Cazeneuve devait quitter la région au plus vite. Il ne voulait pas ennuyer madame Mathivat avec ses problèmes. Elle ne savait rien de lui et c'était très bien ainsi. Il lui a dit qu'il n'oublierait jamais ce qu'ils avaient vécu, que leur séparation lui brisait le cœur.

— Si tu t'en vas, je quitte tout et je pars avec toi ! Je te suivrai où que tu ailles, même à l'étranger, dans le désert ou dans une forêt vierge, je te suivrai même en enfer !

Cazeneuve ne répondait pas à l'image du héros tendre et passionné. Jouisseur sans élégance ni distinction, il quittait la table lorsqu'il était repu. Madame Mathivat refusait d'abandonner le festin d'amour, car elle n'était pas encore rassasiée.

Pour couper aux plaintes et aux sanglots, Cazeneuve a juré qu'il viendrait la chercher. Il devait régler quelques affaires avant de s'enfuir avec elle vers des contrées plus ensoleillées. Flairant la promesse en l'air, madame Mathivat a exigé que son ravisseur fixât tout de suite la date de l'enlèvement, car elle aussi devait régler certaines choses avant leur départ. Ils ont convenu d'une date. Pour éviter des complications au cas où monsieur Mathivat se trouverait chez lui lors du grand jour, Cazeneuve ne devait pas se pointer à la ferme. Madame Mathivat le rejoindrait vers minuit à certain carrefour, en pleine forêt.

Monsieur Mathivat était ailleurs, comme il le fut maintes et maintes fois, le jour où sa femme a abandonné le domicile conjugal. Il devait rentrer deux jours plus tard. Madame Mathivat a laissé une confession franche et complète sur la table de la cuisine avant de quitter la maison. Puis elle est partie vers la forêt, avec un baluchon léger, jusqu'à la croisée des routes où Cazeneuve allait la cueillir. Avec une impatience fébrile, madame Mathivat s'est hâtée vers le lieu du rendez-vous. Il était près de minuit et le carrefour forestier était désert. Postée à l'embranchement, madame Mathivat a scruté longuement les deux directions de la route principale et celles de la voie secondaire. Une heure plus tard, Cazeneuve n'ayant pas donné signe de vie, elle s'est assise sur un bas-côté, le dos appuyé contre un large muret de bûches empilées près de ce carrefour pour les marchands de balles de bois. La lune virait insensiblement d'ouest en est au-dessus des frondaisons. Noyée dans ce lugubre clair-obscur, en proie à l'inquiétude et à l'effroi, madame Mathivat a éprouvé soudain une affreuse sensation de solitude. Sa détresse était sans recours. Trahie, complètement épuisée, elle a fermé les yeux avec l'envie de ne plus se réveiller. Après quelques minutes d'engourdissement, elle a succombé au sommeil comme si, prise de vertige, elle tombait dans un gouffre. Un flux d'images et de souvenirs de son enfance est venu l'assaillir. L'un d'eux, plus tendre que les autres, a surgi avec une précision réconfortante. Rentrant de l'école et courant à toutes jambes, elle était tombée en glissant sur un pavé de la cour de ferme. Elle avait très mal et ne pouvait pas se relever. Son père, qui fauchait le pré voisin, est aussitôt accouru. Torse nu et ruisselant de sueur, il a soulevé la petite et l'a tendrement serrée contre ses glorieux pectoraux.

Au petit jour, quand madame Mathivat est passée du doux songe à la réalité douloureuse, elle a voulu retourner au sommeil, s'y réfugier pour se pelotonner encore dans les bras de son père. La brève incertitude du réveil s'étant dissipée, elle a éprouvé un sursaut d'énergie pour rire d'elle-même et de sa lamentable aventure. Elle n'avait plus douze ans, son athlétique papa n'était plus là pour la consoler de la forfaiture du perfide Cazeneuve et elle se trouvait là, couverte de rosée, allongée en pleine forêt devant un rempart de dix cordes de bois coupé.

Une tourterelle des bois s'est mise à pousser de suaves gémissements. La mélopée en sourdine de cette pleureuse a déclenché des bouffées de tendresse et d'orgueil dans le cœur de madame Mathivat. Elle a pensé à son mari, à leur maison, aux chevaux, au chien, aux stupides romans d'amour qu'elle avait gobés bêtement et aussi à Aimé Cazeneuve, beau comme un salaud et lâche comme un salaud. Elle s'est dit qu'il était temps de rentrer à la maison, de brûler la lettre et de brûler aussi tous les romans, besognes qu'il fallait expédier avant le retour de monsieur Mathivat.

En approchant de la ferme, elle a aperçu son chien qui tournaillait dans la cour. Avant de quitter les lieux, elle l'avait enfermé à la cuisine avec une gamelle bien garnie. Ainsi, monsieur Mathivat était rentré plus tôt que prévu. Madame Mathivat s'est aussitôt décidée à implorer son pardon. Il avait lu sa lettre, elle était prête à se confesser encore, à genoux s'il le fallait. Une femme infidèle à genoux devant son mari, elle se souvenait d'un dénouement de ce genre dans *Belle et volage*, un roman conjugal tout ce qu'il y a d'édifiant. Le chien a bondi vers elle avec des jappements aigus et joyeux. Il l'a escortée jusqu'à la maison avec de frénétiques coups de langue sur les jambes et les mains. Un accueil de bon augure, s'est dit madame Mathivat en hâtant le pas. Monsieur Mathivat, homme de grand cœur, se montrerait magnanime.

La cuisine était comme elle l'avait laissée, les volets clos, la lettre à la même place sur la table. Monsieur Mathivat n'était pas là, sa voiture non plus et le chien n'était pas bavard. Madame Mathivat s'est demandé si l'absence de son mari était un soulagement ou si elle devait s'en inquiéter, mais elle ne s'est pas cassé la tête trop longtemps. Elle a ouvert les volets, détruit la lettre, préparé un petit déjeuner, déballé ses affaires, pris un bain et fait une longue promenade à cheval dans la forêt.

Monsieur Mathivat est rentré le lendemain. Il est arrivé comme une fleur, a embrassé madame Mathivat avant de déclarer qu'il était fatigué, qu'il ne voulait plus rendre service à ses jeunes confrères, que les congrès de médecins ne l'amusaient plus du tout, qu'il n'allait pas gaspiller ses années de retraite à remplacer des toubibs en vacances et qu'il préférait soigner ses rosiers plutôt que des malades plus ou moins imaginaires. Il n'a plus jamais quitté la ferme, sauf pour de petites excursions touristiques et gastronomiques en compagnie de madame Mathivat. Elle savait qu'il avait lu la lettre et le mari avait compris qu'elle le savait, mais ils n'ont jamais évoqué cet épisode. Les années ont passé et jamais couple ne fut plus harmonieux que celui-là.

C'était donc ça, le terrible secret des Mathivat ? Une banale histoire d'adultère et de rédemption, une pauvre intrigue de photoroman des années 50 ? Le secret des Mathivat était dérisoire, mais Chassignet nous l'a servi avec une intensité dramatique très troublante. Je n'en suis toujours pas revenu. Son récit avait commencé sur un ton enjoué et souvent narquois, le dosage chassignesque habituel d'humour et de goguenardise. Petit à petit, il a viré au solennel, un virage déclamatoire dû sans doute au mercurey. Le récit a pris un tour de plus en plus inquiétant quand madame Mathivat a quitté la maison. La voix de Chassignet s'est brisée lorsqu'il a évoqué la nuit, la forêt, la solitude et le désespoir de la fugueuse. Les larmes aux yeux, il a brodé sur ce canevas de passion fatale toutes sortes d'ornements fantastiques, cris d'oiseaux nocturnes, livide clarté de la lune, ombres errantes et autres accessoires de conteurs romantiques. Chassignet gesticulait comme un acteur de mélodrame. En prenant une tournure psychodramatique de plus en plus inquiétante, son numéro m'a mis très mal à l'aise. Chassignet ne s'était jamais laissé aller à des épanchements de sensibilité aussi pathétiques devant moi. D'un naturel excessif, il pouvait se montrer d'une truculente vulgarité et sombrer, peu après, dans un abîme de sentimentalité, une météo intime souvent tempétueuse, toujours imprévisible, qui participe du charme de son individu. Mais il n'avait jamais dévoilé sous mes yeux les fibres intimes de son émotion avec un tel déchaînement. Au paroxysme de l'affliction, il a soudain interrompu son récit et s'est rué sur la harpe. Il a serré l'instrument entre ses bras et l'a embrassé en poussant des sanglots. Quand Mireille, muette jusque-là, s'est précipitée vers lui, il s'est jeté dans ses bras en continuant de pleurer comme une vache.

— Viens, gamin, c'est l'heure d'aller au lit ! Tu me raconteras la fin de l'histoire demain.

J'allais filer à l'anglaise quand Mireille est revenue au salon.

— Ne t'inquiète pas, ça va passer, mon grand. Ça le prend de temps en temps, mais ça ne dure jamais longtemps. C'est sa mère, tu comprends…

Je ne comprenais rien. Chassignet nous racontait l'histoire de madame Mathivat et Mireille de bifurquer vers la mère de Chassignet.

— Tu sais sans doute que sa mère a quitté la maison quand le gamin avait douze ans, mais pas comme la Mathivat. Madame Chassignet n'est pas revenue. Surtout, ne lui en parle jamais ! Cette vieille harpe est la seule chose qui reste d'elle dans cette maison.

Pour couper aux élans d'attendrissement, la fine mouche a brusquement changé de sujet.

Elle voulait savoir si, comme le prétendait Chassignet, je préférais les asperges rôties aux asperges bouillies. Une question d'importance, et plus sérieuse que bien des sujets dont on débat au Conseil de l'Europe. J'ai avoué ma préférence pour les rôties. Mireille militait pour les bouillies, accompagnées d'une sauce mousseline, et nous n'étions pas prêts à changer de religion, à abjurer nos habitudes. Blefuscu avait déclaré la guerre à Lilliput à cause d'une bisbille sur la façon de casser les œufs à la coque, mais Jonathan Swift n'a jamais abordé la question asperges. Ses compétences culinaires se limitaient aux œufs à la coque et à la cuisson des bébés. Mireille a mis fin à la controverse en déclarant que l'asperge était un légume tout ce qu'il y a de comique. Chassignet est revenu au salon en disant que nos palabres l'empêchaient de dormir. Il paraissait ragaillardi. Cigare en bec, il a repris son récit là où il l'avait interrompu.

★

★ ★

Il est venu chez moi quelques semaines après cette bizarre soirée, pour me demander de lui pardonner. Je l'ai rassuré en disant que j'avais aimé l'histoire des Mathivat, que je m'étais mépris au sujet de madame Mathivat. Elle avait certes quelque chose d'autoritaire et de contondant dans ses manières, mais que je comprenais. Quant à la crise de larmes, ce n'était qu'un malaise d'ivrognise, une rupture d'équilibre passagère, la faute à Mercure !

Après un dîner arrosé au chenin, je lui ai demandé s'il savait où était Cazeneuve.

— Te connaissant, je suis certain que tu as fait ta petite enquête !

— Et comment ! J'ai ramé longtemps, mais j'ai fini par découvrir la vérité sur sa défection. Pauvre garçon !

— Comment ça ? Pauvre madame Mathivat !

— Aimé Cazeneuve, alias André Maisonneuve, fils d'un marchand de chevaux de Mortagne, fils prodigue et escroc séduisant, a été tué dans un accident assez mystérieux sur une route de montagne dans les Alpes de Haute-Provence. C'est arrivé une semaine avant son rendez-vous avec madame Mathivat.

— Et madame Mathivat est au courant ?

— Non, et ce n'est pas moi qui vais l'affranchir.

Septième journée

Le roi Bondoufle

à Nicole Maubaret, Essonienne

Le roi aime bien chasser les papillons avec une quinzaine de femmes nues, l'été.

Pierre BETTENCOURT

Tota vita fabula est.

HORACE

L'humanité est un rôle humoristique.

NOVALIS

Votre courte villégiature à Cauterets se termine demain, chère Hélyette Rodary. En relisant mes récits, je m'aperçois, un peu tard, qu'il ne sont guère folichons. « Very sad stories », aurait dit l'ami américain qui nous a fait faux bond en 2016. Vous me pardonnerez, car vous êtes bien trop lucide pour prendre au sérieux les inventions d'un romancier atrabilaire. Ceci dit, si mes histoires semblent tristes, le remède n'est jamais loin. L'Heptaméron que je vous offre porte l'apostille *avec chardonnay*, une indication hautement thérapeutique. Les palaces des villes d'eaux proposent de somptueuses cartes des vins. Dans ma jeunesse, j'ai abusé plus souvent qu'à mon tour de celle du Royal à Évian où j'étais invité avec d'autres lurons, pour distraire une amie très généreuse pendant que son mari s'adonnait au golf.

Si mes histoires vous attristent, consultez le sommelier de votre hôtel. Il trouvera sans mal l'idoine flacon pour chasser votre spleen.

Septième et dernière journée de cet Heptaméron. À moi la quille ! Le septième jour, c'est le jour de repos et c'est ainsi depuis la nuit des temps. Même Dieu fit relâche ce jour-là, si on veut bien gober ce que dit la Genèse II, 2-3 : « Dieu conclut au septième jour l'ouvrage qu'il avait fait et, au septième jour, il chôma, après tout l'ouvrage qu'il avait fait. Dieu bénit le septième jour et le sanctifia, car il avait alors chômé après tout son ouvrage de création. »

Le septième jour, mon humeur picrochole cède le pas aux penchants funambulesques, penchants qui me ramènent inévitablement à la cour du roi Bondoufle dans son palais de Courcouronnes en Essonie, c'est-à-dire nulle part. Comme les Louis de France, les Bondoufle d'Essonie portent des numéros et se succèdent de pères en fils ou en neveux depuis la Haute Époque, une lignée vigoureuse et inamovible de souverains absolus qui ont déjoué tous les complots et maté toutes les révolutions. Les annales d'Essonie citent un saint Bondoufle, des Bondoufle le Pieux, Bondoufle le Bègue, Bondoufle le Gros, Bondoufle le Hutin, sobriquets qui ont également habillé quelques Carolingiens et Capétiens. En Essonie uniquement, ont régné Bondoufle le Féroce, Bondoufle le Barbu suivi par son fils Bondoufle le Barbant. *La Grande et Mirifique Chronique du Royaume d'Essonie* colligée au XVe siècle par un bénédictin français défroqué réfugié en Essonie mentionne encore Bondoufle le Chamarré, Bondoufle le Rôtisseur (qui faisait rôtir sur un gril ses opposants, les concubines en disgrâce, la plupart de ses bâtards et les conseillers d'État trop calculateurs), Bondoufle le Goulu et Bondoufle l'Encroupé (pour ses mœurs hétérodoxes).

J'ai été introduit au palais de Courcouronnes au début des années 80 par Pierre Bettencourt, homme incogniscible et artiste par excellence. Il tint à peu près ce discours :

— Sire Bondoufle, permettez que je vous présente un de mes amis et presque voisin. Il est originaire de Haute Lotharingie mais vit aujourd'hui en Nivernais dans un castel de style Basse-Époque tardif qui abrite deux institutions, le vice-consulat du Royaume de Patagonie et une filiale du Cercle Œcuménique des Adorateurs de Bouledogues.

Le roi Bondoufle, à l'époque numéro 46, ne pouvait rien refuser à Pierre Bettencourt, son historiographe bien-aimé. Sur les mœurs et inclinations de Bondoufle 46, Bettencourt a fait une relation circonstanciée assez coruscante. Il l'a publiée en 1953 sous le pseudo de Jean Sadinet à très petit nombre d'exemplaires (réservés à la famille royale), deux jolis petits volumes titrés *Les Plaisirs du Roi.* Chère Hélyette, je vous en prescris la lecture. Les éditions Lettres Vives l'ont réédité en 1988 avec le concours du Centre National des Lettres, un parrainage républicain qui mit le roi Bondoufle en grande gaieté. L'auteur m'avait envoyé un exemplaire avec la mention *de la part du Roi, son secrétaire perpetuel P. B.*

Je garde un souvenir très tonique de mes séjours à Courcouronnes sous le règne de Bondoufle 46, des supercoquelicantieux festins (164 plats, 12 services), des chasses à l'homme dans les forêts royales, des nuits fantastiques dans le harem de femmes folles, des pharamineuses bitures dans les Caves Royales. Le roi avait chargé 60 officiers sommeliers de rassembler dans ses caves les vins issus de tous les cépages du monde décrits dans la grande ampélographie de Viala et Vermorel. Après plusieurs milliers de dégustations, il a décrété que Sire Chardonnay était de loin le plus digne d'arroser son royal palais. Dès lors, le roi a acheté en douce des milliers d'hectares de terres viticoles dans toute l'Europe, dans les deux Amériques, en Afrique du Sud, en Nouvelle-Zélande, en Chine et au Monomatapa pour y planter du chardonnay. Les soirs de pleine lune, Bondoufle invitait ses liges pour des dégustations cosmopolites très animées.

Bondoufle 46 avait épousé en treizièmes noces la veuve d'un célèbre roi de Pologne, cet autre grand Nulle Part. C'était une femme laide et acariâtre, une virago large de plus d'un mètre et d'un poids de cent cinquante kilogrammes. Elle se prétendait veuve, mais rien n'est moins certain. Le bruit courait que le roi de Pologne vivait toujours, qu'il était inaltérable et immortel. Personne ne comprenait pourquoi Sa Majesté Bondoufle s'était entichée de cette vilaine créature. Le ministre des Transports Amoureux a demandé au souverain de lui expliquer les raisons de cette horrible mésalliance.

— Mère Bondoufle (c'est ainsi que le roi appelait la nouvelle reine) a des charmes secrets que je suis seul à pouvoir apprécier. Pour les esprits ordinaires, c'est une hideuse harpie, car ils se fient à sa seule apparence, mais pour moi, elle garde un peu du fumet de son précédent époux, un fumet royal ensorcelant, un fumet merveilleusement polonais. Le roi de Pologne était une gélatineuse linule d'une beauté extrême. Besogner madame sa femelle est une très honorifique besogne, monsieur le Ministre !

Mère Bondoufle a régné plus de quarante lunes et quelques éclipses sur le cœur du roi et sur les Essoniens. Pierre Bettencourt a fait l'impasse sur ce douteux intermède polonais. La treizième épouse de Bondoufle n'était qu'une vilaine carogne, un vieux furoncle slave, une félonne qui, derrière le dos du roi, bélinait avec Mordure, le capitaine de la garde de Sa Majesté. Renseigné sur ce petit commerce adultère par un espion du ministère des Transports Amoureux, le roi a surpris la traîtresse en pleine saillie. Le jour même on coupa la tête du capitaine Mordure et la reine fut empalée sur un paratonnerre de l'aile droite du palais. Elle n'a pas été décrochée. Les corbeaux se sont chargés du nettoyage. Décapé par les oiseaux, rincé par les pluies et blanchi au soleil, le squelette polonais a tournoyé, girouette macabre, au gré des vents pendant des années. J'avais rapporté cet épisode à mon ami Norge, un poète qui faisait flèche de tout bois. Il en fit un quatrain drolatique pour son recueil *Dynasties*. Afin d'éviter l'incident diplomatique entre les royaumes d'Essonie et de Belgique – Norge était un émigré belge planqué en Provence –, il a travesti le nom du roi :

Afin de se venger d'une épouse adultère
Mouf la fit empaler sur son paratonnerre
Et l'on vit tournoyer selon les vents divers
La reine-girouette au plafond de l'hiver.

Le roi Bondoufle

Le roi Bondoufle 46 a dévissé le 31 décembre 2005, foudroyé par un coquetèle de gin et de datura ambré. Quand expira Bondoufle, ses sept fils velus ont brigué la couronne qui devait revenir à l'aîné, le grand dauphin Balabek Bondoufle, archiduc de Longjumeau, prince de Massy et Palaiseau. Mais Balabek a défuncté une semaine avant son sacre en tombant de son autruche lors de la grande course royale dans l'amphithéâtre d'été de Courcouronnes. Cinq fils Bondoufle ont péri, l'un après l'autre, dans des circonstances mystérieuses, d'abord Bolbus, duc de Bièvres, qui passait ses journées à jouer du tambour, puis Zouroum, le fétichiste duc de Draveil, talonné par Ménulphe, le vertueux duc de Chamarande, et par Olzor, le blond duc de Fleury-Mérogis et, pour finir, Talzar, duc de Morsang, le plus folâtre des sept héritiers. Il ne resta plus qu'Althalazor, le benjamin, prince langoureux et très artiste, un garçon suave et parfumé qui touchait le clavecin et la cithare, collectionnait les grues couronnées, les paradisiers, les colombes exotiques et les premières éditions des livres de Remy de Gourmont. Il n'avait que dix-sept ans lorsqu'il hérita du royaume d'Essonie après avoir éliminé tous ses aînés. Quand le poids de ses bagues, bracelets et bijoux d'oreilles lui donnait la migraine, il se retirait, languissant, dans son boudoir où l'attendaient trente gracieuses et câlines caméristes. Peu accoutumés à ce style, les gens de la cour le prenaient pour un être délicat et fragile. En réalité, Bondoufle 47 était un type inflexible et retors qui cachait son jeu en suscitant des illusions par toutes sortes d'artifices pour duper les courtisans naïfs et la presse mondaine.

Pierre Bettencourt a disparu quelques mois après le roi Bondoufle 46. Le jeune souverain aurait assisté incognito à ses obsèques. Après la disparition du monarque et de son chroniqueur, je pensais ne jamais revoir Courcouronnes, mais au printemps suivant, j'ai reçu une invitation royale pour assister à l'inauguration d'un buste de Pierre Bettencourt dans la glyptothèque du palais. Bondoufle 47 avait ajouté de sa main *Nous comptons sur votre déférente présence.* La note ressemblait à un ordre. J'ai obtempéré sans hésiter, par curiosité et par obligation. Agent du royaume de Patagonie, je ne pouvais me dérober à mes devoirs vice-consulaires sans créer un scandale puni de révocation.

Le Bondoufle dernier cri m'a accueilli avec de longs regards sensibles accentués d'imperceptibles clignements d'yeux – le charme toujours captivant des myopes ! Il a déclaré vouloir garder intact l'héritage de son père, que je faisais partie de cet héritage et que, par conséquent, il serait ravi de me recevoir.

Feu Bondoufle 46 avait ordonné au tabellion royal d'établir l'inventaire détaillé de tous les biens de la couronne. Tout fut numéroté et soigneusement recopié dans son testament. Je figurais sous le numéro 271 145 dans un legs qui en comptait 498 566, avec la mention : *écrivain hurluberlu, royaliste patagon, anarchiste canal Tailhade, suppôt de Bacchus, protégé de notre historiographe. – Lui offrir gîte, couvert et distractions ad libitum.*

Le château de Courcouronnes est un splendide palais gothico-baroco-byzantino-néoclassique, avec de larges douves où prospèrent des carpes dorées tricentenaires, des tritons géants à crête rouge, des lamantins équinoxiaux, des anguilles électriques d'une tension de 3 000 volts, des poissons-chats tout aussi électriques, des murènes-dragons, des écrevisses slovaques, des sangsues vernaculaires très venimeuses ainsi qu'une vieille sirène. Comme toutes les vieilles sirènes, elle a le système nerveux très irritable. Jadis et encore naguère, elle modulait des nuits entières des lamentos de Monteverdi, des *lieder* de Schubert, des *sequenze* de Luciano Berio et des complaintes de Gloria Lasso, mais elle a cessé de chanter après la mort du quarante-sixième roi. Aujourd'hui, elle croasse en concert avec les corbeaux et les geais du parc. J'ai passé bien des heures auprès de cette cantatrice révolue. Je lui apporte des pâtisseries et pendant qu'elle se régale, je brosse délicatement les écailles de sa queue. Elle glousse de volupté sous les caresses de la brosse et marmonne d'étranges onomatopées. Un jour j'ai baisé sa main en disant qu'elle était la Cathy Berberian d'Essonie. Elle a rougi à ce compliment en agitant frénétiquement sa queue. Elle m'a tiré vers elle, puis, d'une voix très douce, elle a glissé à mon oreille qu'elle serait heureuse de me raconter sa vie, ses amours, ses succès et ses déconvenues. C'est pour elle que je retourne souvent chez Bondoufle le Langoureux, pour les époustouflantes confidences de cette glapissante Lorelei. Chère Hélyette, si je devais les rapporter toutes, mille et une nuits ne suffiraient pas et vous finiriez vos jours à Cauterets. J'espère que ce séjour dans les Pyrénées aura soulagé vos douleurs. Donnez de vos nouvelles dès votre retour à Paris.

TABLE

Mise en pages
PCA 44400 Rezé

Cet ouvrage a été imprimé en France
par CPI
en janvier 2019

N° d'édition : 20804 - N° d'impression : 2041879
Dépôt légal : février 2019